Inteligencia comercial

Inteligencia comercial

Luis Bassat

Primera edición en esta colección: mayo de 2011
Decimosexta edición: julio de 2021

© Luis Bassat, 2011
© de la presente edición: Plataforma Editorial, 2011

Plataforma Editorial
c/ Muntaner, 269, entlo. 1ª – 08021 Barcelona
Tel.: (+34) 93 494 79 99 – Fax: (+34) 93 419 23 14
www.plataformaeditorial.com
info@plataformaeditorial.com

Depósito legal: B. 30.654-2011
ISBN: 978-84-15115-30-4
Printed in Spain – Impreso en España

Diseño de portada:
Óscar Pla

© Fotografía de solapa:
Carmen Orellana

Realización de cubierta:
Utopikka

Fotocomposición:
Grafime

El papel que se ha utilizado para imprimir este libro proviene
de explotaciones forestales controladas, donde se respetan
los valores ecológicos, sociales y de desarrollo sostenible del bosque.

Impresión:
Romanyà Valls
Capellades (Barcelona)

Reservados todos los derechos. Quedan rigurosamente prohibidas,
sin la autorización escrita de los titulares del *copyright*, bajo las sanciones establecidas
en las leyes, la reproducción total o parcial de esta obra por cualquier medio o procedimiento,
comprendidos la reprografía y el tratamiento informático, y la distribución de ejemplares
de la misma mediante alquiler o préstamo públicos. Si necesita fotocopiar o reproducir
algún fragmento de esta obra, diríjase al editor o a CEDRO (www.cedro.org).

A Isak Andic, a Emilio Botín, a Peter Brabeck, a Paco Daurella, a Shelly Lazarus, a Ingvar Sviggum, a Kees van der Graaf y a los otros mil grandes empresarios, presidentes, directores generales, directores comerciales, directores de marketing y directores de ventas que he conocido, por lo que he aprendido de ellos, por compartir conmigo la mayoría de sus valores y por lo mucho que han confiado en mí.

Con todo mi agradecimiento.

LUIS BASSAT

Índice

Prólogo de Isak Andic 11
Introducción. 15

1. Cómo conseguir confianza 27
2. Valores humanos para desarrollar
   la inteligencia comercial. 45
3. Grandes exponentes de inteligencia comercial . . . 81
4. Trabajar en equipo:
   inteligencia comercial colectiva 113
5. El producto 123
6. La marca 135
7. Cómo actúa el consumidor 143
8. La comunicación. 151
9. Inteligencia comercial en tiempos de crisis. 161
10. Inteligencia comercial micro 175
11. Comprar con inteligencia comercial 179

Epílogo. 187
Agradecimientos 189

Prólogo

Conozco a Luis desde que llegué a Barcelona con catorce años. Él tenía apenas veintiocho y ya hacía tres que había abierto su propia agencia de publicidad. Es verdad que era pequeña, pero era suya y le iba bastante bien, seguramente porque desde muy joven, casi desde que tenía mi edad, había empezado a desarrollar su inteligencia comercial vendiendo televisores, purificadores de agua, artes gráficas y no sé cuántas cosas más.

En aquel momento, ni mi hermano Nahman ni yo fuimos conscientes de cómo nos influyó el ejemplo de su precocidad empresarial, pero el caso es que poco tiempo después también nosotros abrimos nuestro propio negocio y, como él, también lo hicimos después de haber comprobado personalmente que lo de vender, en nuestro caso prendas de vestir, no se nos daba del todo mal.

Ahora, leyendo este su cuarto libro, me doy cuenta de que no solo compartimos un inicio parecido, sino también los mismos principios. Cuando hace unos meses me invitó a responder las preguntas de un cuestionario, que pensaba incluir en un capítulo dedicado a grandes exponentes de inteligencia comercial, intenté contestarlo con la mayor sinceridad. Me alegra comprobar que mis respuestas destacan los mismos valores que Luis considera claves en este libro: autoexigencia, constancia y honestidad, para ganar la confianza de uno mismo y de los demás.

Luis Bassat asegura en este libro que la inteligencia comercial se desarrolla. No puedo estar más de acuerdo.

ISAK ANDIC,
presidente de Mango

«La palabra no debe servir para herir.
Debe servir para curar.»

BARACK OBAMA
Tucson, enero de 2011

«No te preocupes solamente en ser
mejor que tus contemporáneos o predecesores.
Trata de ser mejor que tú mismo.»

WILLIAM FAULKNER
Escritor

Introducción

«La inteligencia busca,
pero quien encuentra es el corazón.»

GEORGE SAND*

Hasta hace pocos años, se hablaba de la inteligencia como de una única cosa. Se tenía o no se tenía. Un día, en 1995, el psicólogo estadounidense Daniel Goleman publicó un magnífico libro titulado *La inteligencia emocional*, que causó furor. A partir de ese momento, las escuelas de negocios, los gurús del mundo empresarial, los líderes de opinión, empezaron a diferenciar la inteligencia de la inteligencia emocional, con lo que la inteligencia a secas pasó a ser, por contraposición, inteligencia racional. Y todo el mundo se quedó tan tranquilo, la inteligencia se dividía en dos: racional y emocional.

Unos años antes el también psicólogo estadounidense y profesor en Harvard, Howard Gardner, ya había formulado

---

*. Seudónimo de Amandine Aurore Lucile Dupin, baronesa Dudevant, escritora francesa.

su teoría de las inteligencias múltiples, poniendo en duda la validez del coeficiente intelectual (CI) como método para medir la inteligencia de las personas, pero su difusión había sido mucho menor.

Sea como sea, creo que efectivamente hay muchos tipos de inteligencia: la inteligencia natural, la inteligencia heredada, la inteligencia aprendida, la inteligencia estratégica, la inteligencia interpersonal, la inteligencia comunicativa, la inteligencia política, la inteligencia o el talento musical, la inteligencia científica, la inteligencia lógico-matemática, la inteligencia financiera, la inteligencia industrial, la inteligencia comercial y muchas más.

Pero, obviamente, no todos las tenemos todas. Unos valemos para unas cosas y otros para otras.

Veamos qué dice el Diccionario de la Real Academia Española de estas dos palabras mágicas: «inteligencia» y «comerciar»:

> **Inteligencia**: «Es la facultad de conocer, el acto de entender y la habilidad, la destreza y la experiencia. Inteligencia es saber escoger entre distintas alternativas y decidir la más oportuna. Es saber distinguir lo fundamental de lo accesorio». La palabra «inteligencia» proviene del latín *intelligere*: *intus* («entre») y *legere* («leer» o «escoger»). Inteligencia, por tanto, es saber escoger la mejor entre varias alternativas y también saber leer entre líneas, es decir, entender el fondo de las cosas.

Introducción

Desde los tiempos más remotos el ser humano ha tenido que tomar decisiones, en algunas ocasiones más emocionales o intuitivas que racionales. Cuando se encontraba frente a una fiera no podía reflexionar mucho tiempo, debía decidir y actuar para matar y comerse el animal, antes de que el animal le matara y se lo comiera a él.

La mente emocional capta la realidad emocional muy deprisa: «Me va a atacar, no me fío», o «En esta persona puedo confiar». Nuestra decisión es rápida pero no siempre acertada. Solo la experiencia aumenta la fiabilidad de esas decisiones.

Comerciar: «Es negociar comprando, vendiendo o permutando géneros. Tener trato y comunicación unas personas con otras». El comercio, que se inicia con el intercambio, tiene casi tantos años como la humanidad.

¿Qué es, pues, la inteligencia comercial? ¿Es racional? Sí. ¿Es emocional? También. ¿Puede ser heredada? Por descontado. ¿Puede ser estratégica? Seguro. ¿Tiene que ver con la inteligencia comunicativa? Mucho.

La inteligencia comercial es la suma de muchas inteligencias, con un único objetivo: conseguir vender algo a alguien. Desde vender una camisa en una tienda a una persona, pasando por vender simplemente una idea, hasta vender millones de ordenadores a medio mundo. Para todas estas cosas se necesita inteligencia comercial.

La inteligencia comercial no es un truco para vender más. Es una manera de hacer. Es algo que sale de dentro, que no engaña, que genera confianza y que si no vende en ese momento, no importa. Acabará vendiendo, tal vez más, después.

La inteligencia emocional es importantísima, porque nos permite relacionarnos mejor con las otras personas. Como dijo Shoshana Zuboff, psicóloga de la Harvard Business School: «En el siglo XX las empresas han experimentado una verdadera revolución, una revolución que ha transformado correlativamente nuestro paisaje emocional. Hubo un largo tiempo durante el cual la empresa premiaba al jefe manipulador, al luchador que se movía en el mundo laboral como si se hallara en la selva. Pero, en los años ochenta, esta rígida jerarquía comenzó a descomponerse bajo las presiones de la globalización y de las tecnologías de la información. La lucha en la selva representa el pasado de la vida corporativa, mientras que el futuro está simbolizado por la persona experta en las habilidades interpersonales».

Cuando esas habilidades interpersonales buscan vender algo a alguien, conforman la inteligencia comercial, que es justo la que nos hace falta para saber vender las ideas que hemos sido capaces de generar con todos los otros tipos de inteligencia que poseemos.

El dramaturgo Jacinto Benavente dijo: «Todos creen que tener talento es cuestión de suerte; nadie piensa que la suerte puede ser cuestión de talento».

Decía antes que hay muchos tipos de inteligencia, empezando por la inteligencia natural, que muchos acaban desarrollando y convirtiendo en inteligencia científica, inteligencia matemática, inteligencia económica, inteligencia

Introducción

política... Pero, a no ser que uno quiera dedicarse a la investigación pura, todas esas inteligencias necesitan de la inteligencia comercial para conseguir interesar a los demás en lo que estamos haciendo. Para ser capaces de vender nuestras ideas, de poder compartirlas con los demás. No hay nada más triste que una persona enormemente inteligente pero incapaz de transmitir, convencer o vender su idea a los demás. El escritor francés Alexis Carrel afirmó: «La inteligencia es casi inútil a aquel que no tiene más que eso».

Yo siempre he dicho que una idea no es una idea hasta que somos capaces de venderla, de convencer a alguien de que esa idea vale, que merece la pena apostar por ella.

He conocido muchísimas personas inteligentes, pero con nula inteligencia comercial, que han ido de fracaso en fracaso, y lo que es peor, sin saber por qué. Que han acabado por cerrarse en sí mismas, pasando por esta vida como unas incomprendidas.

La inteligencia consiste no solo en el conocimiento, sino también en la destreza de aplicar los conocimientos en la práctica.

Este libro pretende, con toda modestia, ayudar a todo tipo de personas inteligentes a que esto no les suceda. A que cada uno sepa cómo desarrollar otra inteligencia, la inteligencia comercial, que es fundamental prácticamente para todas las profesiones que conozco, que son muchas.

Picasso fue un extraordinario pintor. Seguramente el mejor del siglo xx. Nadie pone en duda su extraordinario talento artístico, pero poca gente sabe que tenía, además, una

Inteligencia comercial

extraordinaria inteligencia comercial, aunque él nunca tuvo que ir a vender nada. Su inmenso talento comercial se refleja en cientos de frases, como la que dijo en una ocasión en que una señora le encargó un retrato, que hizo en pocos minutos. Cuando la clienta argumentó al marchante de Picasso que aquel dibujo le parecía caro porque el artista lo había hecho en cinco minutos, Picasso intervino y espetó: «Perdón, señora, pero para hacer este dibujo he tardado toda una vida y cinco minutos». Eso es inteligencia comercial.

Un pintor normal suele hacer uno o dos cuadros por semana. En algunos casos, desde los veinte hasta los ochenta años. Eso quiere decir que sesenta años de trabajo por cincuenta, o como mucho cien cuadros al año, dan una cifra de entre tres mil y seis mil cuadros en toda una vida de pintor profesional. ¡Picasso hizo más de veinte mil!

Un día acompañé a un primo de mi padre, llamado Pierre, a la Sala Gaspar de Barcelona, donde había una exposición de Picasso. Pierre se había trasladado especialmente desde París, donde vivía, a Barcelona, porque hacía tiempo que soñaba con comprar una pequeña obra de Picasso. Visitamos la exposición, magnífica por cierto, y Pierre se enamoró de un pequeño óleo sobre cartón, el retrato de un personaje. Hablamos del precio y los propietarios de la galería y el primo Pierre se pusieron de acuerdo enseguida. Pierre les extendió un talón y cuando ya nos íbamos se giró sobre sus pasos y preguntó: «¿Qué es ese III romano que está al lado de la firma y de la fecha del cuadro: febrero de 1967?».

El señor Gaspar, parsimoniosamente, le contestó que ese

Introducción

III quería decir que el cuadro en cuestión era el tercero que Picasso había pintado ese día. Nuestro primo estuvo a punto de volverse atrás y pedir que le devolvieran el dinero, pero por suerte para él no lo hizo y disfrutó de ese cuadro hasta que, ya anciano, decidió venderlo y recuperó con muchísimas creces el dinero que había pagado por él.

Picasso, ya lo he dicho, tuvo una extraordinaria inteligencia comercial. Se supo rodear de los marchantes adecuados, expuso en las galerías adecuadas, vendió toda su producción, que fue muchísima, se hizo inmensamente rico y nadie osó jamás decir que su pintura era comercial. Lo que era comercial era su inteligencia.

Podría hablar de muchos otros casos, diametralmente opuestos, como el de Van Gogh, otro extraordinario pintor, ¡que en toda su vida solo consiguió vender un cuadro! Así como de tantos y tantos otros pintores que hoy están en la historia de la pintura, y que murieron en la más terrible miseria. Murieron como incomprendidos porque nacieron sin la más mínima idea de lo que hoy empezamos a llamar «la inteligencia comercial». Picasso y Van Gogh, los dos, están en los mejores museos del mundo. Picasso lo vendió todo. Van Gogh, nada. Picasso tuvo una enorme inteligencia comercial. Van Gogh, no. La tuvieron los marchantes que vendieron su obra después de que él hubiera muerto.

He conocido extraordinarios vendedores, de coches, por ejemplo, de libros, de productos industriales, de juguetes, de moda... y todos ellos han demostrado una inteligencia comercial extraordinaria.

El día que vino a verme Jordi Nadal para decirme que quería ser el editor de mi próximo libro, sucedieron en mi despacho cosas muy extrañas: le pensaba decir que no y le dije que sí; no quería comprometerme a escribir nada nuevo hasta el año próximo y me comprometí a entregarle el libro en menos de un año. No me había planteado cambiar de editor y acepté hacerlo...

¿Por qué? ¿Por qué una persona es capaz de convencer a otra en unos pocos minutos? ¿Qué palabras mágicas utilizó? Ninguna. Dijo lo que tenía que decir, pero con una dosis de entusiasmo tan grande, casi de excitación, que me contagió. Es lo que suele pasar con las personas que dominan la inteligencia comercial.

Igual que los que dominan la inteligencia emocional son los que primero consiguen trabajo, los que destacan en cualquier empresa, los que demuestran siempre la mejor actitud, las personas que dominan la inteligencia comercial son los que acaban teniendo más éxito en su vida, y no solo en su vida profesional, sino también en su vida personal. Los que saben convencer mejor a un niño o a un familiar son los que saben expresar mejor su pensamiento con un mínimo de palabras, los que saben encontrar la mejor solución a cualquier tipo de problema...

De todo eso trata este libro. Lo he escrito con la ayuda de mis casi cincuenta años de vida profesional, que empezó como vendedor, continuó como publicitario y siguió como presidente de un grupo de empresas de comunicación de más de seiscientas personas, sin olvidar los años que tuve

Introducción

que residir en Londres como copresidente y director creativo de Ogilvy Europa, África y Oriente Medio, lo que suponía ¡79 países y varios miles de colaboradores!

Y no hablo de cómo acaba mi vida profesional porque, aunque estoy oficialmente retirado, sigo haciendo lo que más me gusta: pensar cómo ayudar a personas y a empresas a mejorar su inteligencia comercial. Lo mismo que he hecho cuando he asesorado a presidentes de Gobierno, ministros y alcaldes, para mejorar su capacidad de convencer en una conversación privada, en una alocución privada, o en una alocución en televisión con una audiencia millonaria.

Ya lo dice el viejo refrán: «Es mucho mejor convencer que vencer».

Para mejorar en cualquier aspecto de la vida, lo primero que ha de hacer una persona, o una empresa, es conocer su estado actual.

Por eso les sugiero, queridos lectores, que se contesten a sí mismos las siguientes preguntas (pueden hacerlo en lápiz, porque tal vez, durante la lectura de este libro, decidan cambiar alguna respuesta).

1. ¿Qué soy hoy?
2. ¿Qué quiero ser en el futuro?
3. ¿Estoy suficientemente preparado para lo que quiero ser en el futuro?
4. ¿Me gusta lo que hago?
5. ¿Lo seguiría haciendo siempre?

6. ¿Qué otras cosas me gustaría hacer?
7. ¿Qué me hace falta para poder hacer esas otras cosas?
8. ¿Estoy satisfecho económicamente?
9. ¿En qué aspectos me gustaría progresar?

Ahora les sugiero que vuelvan a contestar las mismas preguntas, pero con el gorro profesional, de su empresa o de la empresa en la que trabajan.

1. ¿Qué es mi empresa hoy?
2. ¿Qué quiere ser en el futuro?
3. ¿Está suficientemente preparada para lo que quiere ser en el futuro?
4. ¿Le gusta lo que hace?
5. ¿Lo seguiría haciendo siempre?
6. ¿Qué otras cosas le gustaría hacer?
7. ¿Qué le hace falta para poder hacer esas otras cosas?
8. ¿Está satisfecha económicamente?
9. ¿En qué aspectos le gustaría progresar?

Solo pensar en las respuestas ya es un primer paso para sacar provecho de este libro, en el que encontrarán ideas que les sugerirán otras y pensamientos que harán suyos, lo que les enriquecerá tanto personal como profesionalmente.

ÁLVARO BILBAO

PRECIO	ISBN
18,00 €	978-84-16429-56-1

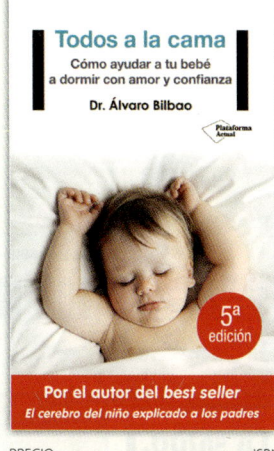

PRECIO	ISBN
17,00 €	978-84-17002-93-0

VICTOR KÜPPERS

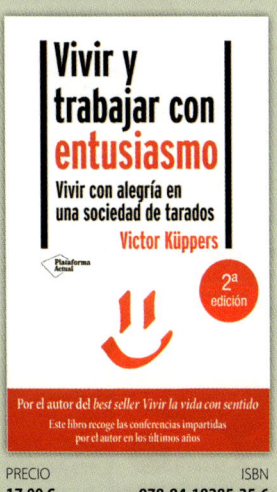

PRECIO	ISBN
17,00 €	978-84-18285-35-6

PRECIO	ISBN
17,00 €	978-84-16620-79-1

Encuentre en su **librería** habitual cualquier título de nuestro catálogo

MARIO ALONSO PUIG

PRECIO: 18,00 €
ISBN: 978-84-15750-61-1

PRECIO: 17,00 €
ISBN: 978-84-15577-09-6

PRECIO: 18,00 €
ISBN: 978-84-17002-55-8

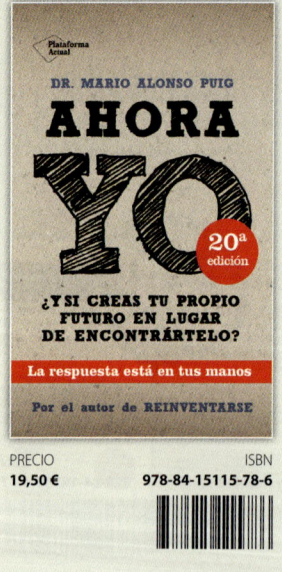

PRECIO: 19,50 €
ISBN: 978-84-15115-78-6

Suscríbase a la **newsletter**
y reciba información de **nuestras novedades**

SERGIO FERNÁNDEZ

PERSONAS QUE CAMBIAN EL MUNDO

PRECIO
20,00 €

ISBN
978-84-17622-67-1

PRECIO
16,00 €

ISBN
978-84-18582-22-6

PRECIO
19,00 €

ISBN
978-84-18582-03-5

PRECIO
19,00 €

ISBN
978-84-96981-52-2

PRECIO
19,00 €

ISBN
978-84-18582-01-1

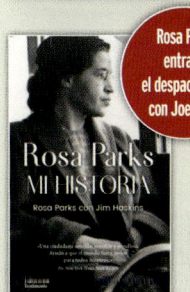

PRECIO
19,00 €

ISBN
978-84-17886-11-0

Plataforma Editorial cede el **0,7%** de las ventas de todos sus títulos a ONG

PREMIO FEEL GOOD™: INSPIRACIÓN PURA

UNA MIRADA AL FUTURO POSPANDÉMICO

PRECIO
17,00 €

ISBN
978-84-18285-53-0

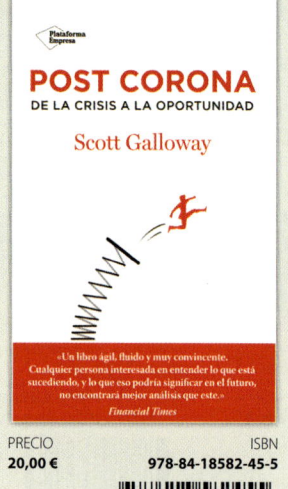

PRECIO
20,00 €

ISBN
978-84-18582-45-5

PRECIO
18,00 €

ISBN
978-84-17886-35-6

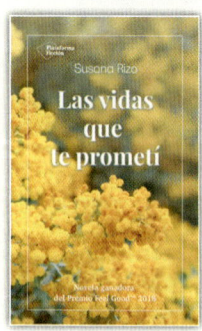

PRECIO
17,00 €

ISBN
978-84-17622-02-2

PRECIO
16,00 €

ISBN
978-84-18582-43-1

Una editorial **Feel Good™**

MOTIVACIÓN Y LIDERAZGO

PRECIO
18,00 €

ISBN
978-84-17376-82-6

PRECIO
18,00 €

ISBN
978-84-18285-55-4

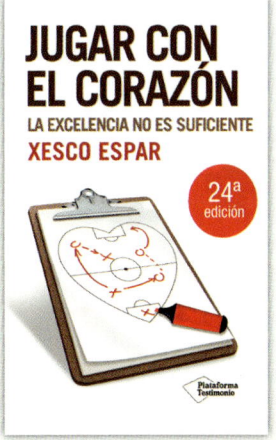

PRECIO
15,00 €

ISBN
978-84-96981-75-1

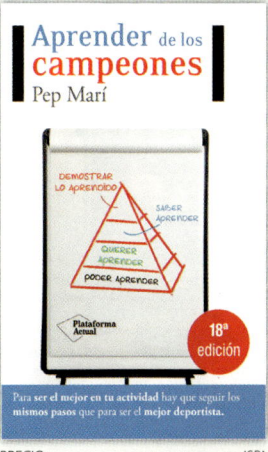

PRECIO
16,00 €

ISBN
978-84-15115-62-5

Síganos en **Facebook**, **Twitter** e **Instagram**

LIBROS DE SALUD QUE DERRUMBAN MITOS...

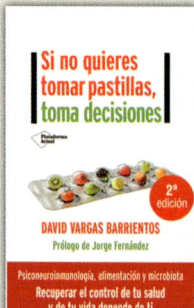

PRECIO
19,00 €

ISBN
978-84-18582-11-0

PRECIO
19,90 €

ISBN
978-84-18285-97-4

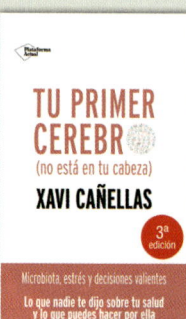

PRECIO
18,00 €

ISBN
978-84-18285-37-0

PRECIO
19,00 €

ISBN
978-84-17886-95-0

PRECIO
20,00 €

ISBN
978-84-17622-29-9

PRECIO
18,00 €

ISBN
978-84-17114-00-8

Desde 2013, **Plataforma Editorial** planta un **árbol** por cada título publicado

1.000 árboles plantados en España, Etiopía, Bolivia, Chile y México

Introducción

¿Quién necesita inteligencia comercial? Todo tipo de empresas, todo tipo de profesionales y todos aquellos que necesiten convencer a alguien de algo, como médicos que han de «vender» a sus pacientes la bondad de su tratamiento, o arquitectos que han de ser capaces de vender sus proyectos a sus clientes, por poner dos ejemplos.

La película *Doce hombres sin piedad*, una de las mejores piezas de cine jamás hechas, muestra esta situación. Once miembros del jurado están convencidos de que el acusado es culpable de asesinato. El duodécimo, no. ¿Cómo podrá un hombre convencer al resto del jurado? ¿Cómo podrá vender su idea a una gran mayoría, convencida de lo contrario? Si ven la película, comprobarán que el protagonista, Henry Fonda, utiliza una extraordinaria inteligencia comercial.

1.
Cómo conseguir confianza

«No prometas más de lo que
realmente puedes cumplir.»

ANÓNIMO

Los diez mil mandamientos de la ley del comercio se resumen en dos palabras: generar confianza. En la relación entre dos personas, o entre una empresa y sus consumidores, no hay nada más importante que conseguir la confianza del otro, de nuestro interlocutor, o de los miles o millones de consumidores de nuestra marca.

Platón ya decía que buscando el bien de nuestros semejantes, encontramos el nuestro. Eso sigue siendo más verdad que nunca ahora. El éxito en una negociación personal consiste siempre en saber ponerse en el lugar del otro. Si yo vendo y tú compras, cómo compraría yo si estuviera en tu lugar. Si yo produzco y vendo un producto, cómo querría comprarlo si yo fuera el consumidor. También Sófocles dijo

Inteligencia comercial

que la más hermosa de todas las obras humanas consiste en ser útil al prójimo, y vender es ser útil a otro.

Hay un relato del Talmud que a mí me gusta especialmente: un hombre fue a ver a un rabino, de apellido Hillel, y le pidió que le enseñara la ley sagrada en cinco minutos. «En cinco minutos, no –le dijo el rabino–; en cinco segundos: trata a los demás como quieres ser tratado. Esta es la ley, el resto, nada más que comentarios.»

Si se me permite, la ley de la inteligencia comercial es esta: trata a los demás como quieres ser tratado.

Una de las empresas para las que trabajé durante mis cinco años de Universidad fue Culligan, un especialista mundial en el tratamiento de aguas. Recuerdo haberle vendido un purificador a un arquitecto llamado Sebastià Bonet. Le aconsejé lo mejor que supe y le ahorré un cierto dinero, porque el purificador que él pensaba comprar era demasiado grande para la obra que tenía entre manos. Lo cierto es que me gané su confianza. Unos años más tarde, recibí una llamada de Hugo Günter, director de Fiamma, una empresa italiana de quemadores de fueloil. Buscaba un jefe de ventas y su suegro, precisamente el arquitecto Sebastià Bonet, le dijo que de todos los vendedores que habitualmente le visitaban yo era el que le inspiraba más confianza. Hugo me entrevistó y me dio el puesto. Con veintitrés años, era mi primer trabajo con un sueldo fijo, y gracias a él pude casarme enseguida con mi novia de siempre. Nos fuimos de viaje de novios, y a los doce días estrenaba mi primer trabajo de jefe de ventas. ¡Imagínense lo importante que ha

Cómo conseguir confianza

sido siempre para mí conseguir la confianza de mis clientes! Un viejo aforismo dice: «Nada se pierde. Todo cuanto hagas regresa a ti». ¡Nada se pierde!

La confianza no es algo que se improvise. Es lenta, difícil de conseguir y fácil de perder. Requiere seriedad, perseverancia y a veces... años. Un consumidor satisfecho se lo dice a tres amigos. Un consumidor enfadado se lo dice a tres mil. En la publicidad, la confianza se gana con la valentía de seguir un proceso gradual. La confianza total solo se consigue después de obtener pequeñas confianzas parciales que se van concediendo a los productos o a las marcas. «Entonces el círculo virtuoso empieza: el valor lleva a la confianza, que lleva al valor, que lleva a la confianza y así sucesivamente», dijo uno de los «papas» de la publicidad moderna, David Ogilvy.

En el mundo comercial personal, en la venta uno a uno, conseguir la confianza del comprador está en manos del producto y del vendedor. El vendedor ¿es una persona a la que le dejaría mi coche? ¿Y mi piso? Un vendedor que me da pruebas de confianza, es automáticamente merecedor de la mía, porque confiamos más en quien confía en nosotros. Sobre todo si esa persona es, además, serena y ponderada, cualidades necesarias para conseguir la confianza de alguien.

Cuando al cabo de dos años empecé mi carrera de publicitario, mis amigos me preguntaban cómo había escogido una profesión de mentirosos, de personas que engañan y enredan al consumidor. Esa era la percepción de los publicitarios hace algo más de cuarenta años. En aquella época, la

Inteligencia comercial

revista satírica *La Codorniz* se anunciaba diciendo: «Donde no hay publicidad resplandece la verdad».

Tal vez por esa razón, desde el principio me planteé romper con esa imagen y no mentir nunca, ni a mis clientes ni en mi publicidad a sus clientes. Como dijo Aristóteles: «El sabio no dice nunca todo lo que piensa, pero siempre piensa todo lo que dice».

Los americanos afirman que el principal pecado de la publicidad es el *over promise*, prometer más de lo que el producto da. Los estudios demuestran que cuando el consumidor compra un producto anunciado con un *over promise* inevitablemente sufre una decepción tan grande que no vuelve a comprarlo. Como es obvio, una campaña no puede pagarse ni ser rentable, consiguiendo vender el producto una sola vez y convirtiendo a cada consumidor en un propagandista negativo.

Quede claro que en el mundo de la publicidad racional, una mentira, lo es. Pero no es lo mismo en el mundo de la publicidad emocional. Cuando un joven le dice a su novia que la hará la mujer más feliz del mundo, ¿está mintiendo? Objetiva y racionalmente, sí. Pero él podría jurar por su vida que le está diciendo la verdad, y ella también lo creerá así, si lo escucha con el corazón y no con la razón.

La verdad ha de ser interesante y relevante para el consumidor, y también creíble y verosímil. Porque hay verdades que, aunque lo sean, no lo parecen y, por lo tanto, la gente no se las cree. Es lo que ocurría con los famosos «duros a cuatro pesetas» que el pintor Santiago Rusiñol ofrecía por

Cómo conseguir confianza

las Ramblas de Barcelona y que nadie quería. Esto sucede también hoy en día con algunas ofertas publicitarias veraces y tan buenas que son difíciles de creer.

Y si en un mensaje comercial o publicitario la falta de credibilidad es grave, en un mensaje político puede ser fatal. No hay nada peor que cuando el receptor del mensaje cree que se le está mintiendo, sea verdad o no lo que se le dice. Eso implica inmediatamente una pérdida total de la confianza.

Ya sé que se me puede argumentar que algunos candidatos han ganado sus elecciones con promesas que luego no han cumplido, o incluso con mentiras. Pero pienso que el que gana el poder con engaños tiene su sillón en una base muy frágil, que puede romperse en cualquier momento.

Adlai Stevenson, el político demócrata americano muerto en 1965, acuñó una frase durísima contra los republicanos: «Si ellos dejan de decir mentiras acerca de los demócratas, nosotros dejaremos de decir la verdad acerca de ellos».

Agustín González, catedrático de Filosofía de la Universidad de Barcelona, asegura: «Todas las dictaduras, antes y ahora, tienen algo en común: poner los medios de comunicación —científicos, culturales, económicos, académicos— al servicio de su verdad-mentira. La censura, la prohibición, la persecución, el desprecio son sus medios. Son obsesivas en el control de los medios, como se ha comprobado en las evoluciones sufridas en algunos países árabes, antes, incluso, que el control político-policial. Información y libertad son inseparables de la verdad».

Inteligencia comercial

Por otra parte, Sally Costerton, presidenta de la empresa de comunicación Hill & Knowlton en Europa, Oriente Próximo y África, afirma rotundamente: «Olvídense de mentir hoy con Internet. No se pueden decir mentiras. Al final, nosotros estamos ahí para contar la historia sobre su negocio. Buscaremos a las personas con más influencia, el mayor impacto, los mejores resultados, y crearemos discusiones entre los grupos de interés. Pero si ha hecho algo mal, si quiere esconderlo, eso no podremos hacerlo. Hoy, con la web, olvídelo. No puede pretender negar una evidencia que está ahí».

Sin embargo, aunque parezca mentira, no siempre se valora la verdad.

La verdad, como tal, no tiene defensores a ultranza, no parece un atributo que haya que preservar. Muchas culturas, incluso, consideran la mentira como una virtud. La nuestra, sin ir más lejos, la tolera. Pensemos si no en la cigüeña, en Papá Noel, en los Reyes Magos, en el ratoncito Pérez, en las mentiras piadosas…

En cambio, en otras culturas quien utiliza la mentira es expulsado de la sociedad. En el mercado de brillantes de Amberes, por ejemplo, se compran y se venden piezas de gran valor con un simple apretón de manos. Que el brillante corresponda exactamente a las características dadas por el vendedor está garantizado por su palabra, y esta es sagrada.

En Estados Unidos también sorprende, para alguien de cultura europea, que cuando te han de decir que no, lo hacen sin rodeos, directamente. En los hospitales, por ejemplo, te dicen lisa y llanamente: «Tiene usted un cáncer, su

Cómo conseguir confianza

probabilidad de sobrevivir es del 17 %». Ponen la verdad por delante, sin más.

Podría citar muchos más ejemplos de cómo la verdad se valora de distinta manera según las diferentes culturas. Uno de ellos podría ser el caso del fútbol. En Sudamérica, por ejemplo, si un delantero no se deja caer en el área contraria cuando un defensa le roza, se considera que le falta picardía, y eso es algo que le puede costar la titularidad en su equipo o en la selección nacional. En Inglaterra, por el contrario, si un delantero se deja caer, es su propio público quien le abuchea. Luego, se puede afirmar que en el fútbol algunos países aprueban la mentira, llamada también engaño o teatro, y otros no la admiten de ninguna manera.

Lo mismo ocurre en las diferentes etnias. En Sri Lanka, los indígenas veddas consideran inconcebible mentir, y en la India las tribus saoras de Madrás, cuando cometen una mala acción, incluso un asesinato, lo confiesan de inmediato, explicando las causas. En cambio, en Nueva Zelanda la mentira es algo honroso entre los maorís si el engañado es un extranjero, y en África Central la palabra «embustero» equivale a listo o ingenioso.

También podemos observar esa diferencia en las distintas religiones. En el pueblo hebreo, Dios prohíbe de una manera expresa la mentira y el falso testimonio. En cambio, Confucio recomienda la mentira en algunos casos, especialmente cuando del conocimiento de la estricta verdad pudieran deducirse grandes perjuicios para la familia o para la nación.

Inteligencia comercial

Lo mismo podríamos decir de la historia. Gracias a Herodoto, sabemos que los antiguos persas enseñaban a sus hijos de entre cinco y veinte años solamente tres cosas: a montar a caballo, a disparar con el arco y a decir la verdad. Por el contrario, en la Grecia de los poemas homéricos, vemos que tanto los dioses como los hombres mienten constantemente: Zeus engaña a Agamenón por medio de un sueño, Palas Atenea traiciona a Héctor y ama a Ulises precisamente por su costumbre de mentir. Pero en la misma Grecia, siglos después, Platón dice que el hábito de la mentira afea el alma y considera que la verdad es el camino que conduce a los dioses.

Kant, en la Europa moderna, coincide con él y escribe: «La mentira es un crimen que el hombre comete contra sí mismo y una indignidad que le hace despreciable a sus propios ojos».

A mí me pasa como a aquel hombre de pocas palabras al que, al volver de misa, su mujer le pregunta:
—¿De qué ha hablado el párroco?
—Del pecado.
—¿Y qué ha dicho?
—Estaba en contra.

A estas alturas, creo que ya habrán notado que yo también estoy en contra de las mentiras. Incluso de las mentiras inocentes. Cuando mi hijo José Manuel, a los cuatro años, hubo de operarse de la vista, se lo explicamos con palabras que él pudiera entender. Cuando el día de la operación vino una enfermera a buscarlo a la habitación, se fue tranquila-

Cómo conseguir confianza

mente con ella, dándole la mano izquierda. Unos pasos después se giró y nos saludó con la mano derecha y con una sonrisa de lado a lado de la cara. Entonces fuimos nosotros, sus padres, los que casi nos pusimos a llorar.

Seis años después, estaba en una tienda con mi mujer, mis dos hijas, Yolanda y Ana, que entonces tendrían quince y catorce años, y los dos pequeños: José Manuel, que tendría diez, y Quique, que tendría seis. Entró un compañero de milicias universitarias, al que no había visto desde entonces, y queriendo hacer un cumplido dijo: «¡Caramba, qué chicas tan mayores, si parecen hermanas y no hijas de tu mujer!». Como recordaba que él era un bromista de primera categoría, le contesté muy serio: «Es que son de mi primer matrimonio». La cosa no pasó de ahí. Pero, al llegar a casa, mi hijo menor me vino a ver a solas y, llorando, me censuró que nunca antes le hubiera dicho que sus hermanas fueran de otro matrimonio. Me costó convencerle de que todo había sido una broma. Por lo que nunca se puede afirmar que una mentira sea inocente.

Por otra parte, fue lógico que reaccionara así. Jamás hemos mentido a nuestros hijos, ni tan siquiera de pequeños. Desde el principio, supieron que sus padres hacían cada año un esfuerzo muy grande para comprarles los juguetes de Reyes, y creo que lo valoraron siempre de forma extraordinaria.

Benjamín Disraeli, el famoso político inglés del siglo XIX, dijo: «El tiempo es precioso, pero la verdad es aún más preciosa que el tiempo». Hace unos años, estaba citado en un banco, con su presidente y su consejo de administración.

Inteligencia comercial

Cuando vi que iba a llegar unos diez minutos tarde, hice avisar por teléfono. Al entrar en la sala, el presidente me excusó diciendo que esa mañana el tráfico estaba imposible. Yo se lo agradecí sinceramente, pero le dije la verdad: que había salido tarde de mi despacho. Entonces, se dirigió a su equipo y les dijo: «Esto es lo que me gusta de Luis Bassat, que nunca te miente, ni en las cosas más pequeñas».

Nunca he podido entender cómo es posible que haya personas que, como dice la frase hecha, mienten más que hablan. Además, para mentir hay que tener una memoria de elefante, para ser capaz de acordarse de todas las mentiras que uno ha dicho y no contradecirse.

A mí me parece mucho más fácil, mucho más positivo, mucho más directo y, sobre todo, mucho más honrado, decir simplemente la verdad. A no ser que uno sea escritor, fabulador, poeta, o artista, y su misión sea precisamente inventar. Picasso dijo: «Todos sabemos que el arte no es la verdad. El arte es una mentira que nos descubre la verdad». Y Georges Braque, pintor francés contemporáneo de Picasso y creador junto con él del cubismo, remata: «La verdad existe, solo las mentiras son inventadas».

La creatividad publicitaria puede y debe encontrar siempre nuevos caminos para llegar al consumidor. Inventar nuevas formas o maneras, pero lo que llegue al consumidor tiene que ser veraz. Porque hoy, afortunadamente, el consumidor es el rey y tiene toda la información que quiere en los medios convencionales y en Internet, una herramienta que maneja con una habilidad que para sí quisieran muchos publicita-

Cómo conseguir confianza

rios y también muchos empresarios de mi generación. Va a comprar lo que quiere, donde quiere, cuando quiere y como quiere. Y muchas veces sorprende al vendedor, explicándole cosas sobre el producto que este aún no sabe.

¿A esos consumidores del siglo XXI es a los que, todavía hoy, alguien pretende engañar? ¡Si lo que hay que hacer es estar a su altura! Saber tanto como ellos, no solo del producto que vendemos, sino también de toda su competencia, y después intentar llegarles de la única manera posible: con una comunicación que les guste ver, que les interese, que quieran incluso guardar. Y una vez que nos hayan comprado, hemos de conseguir que lo sigan haciendo, que nos sean fieles. Hemos de ser sus amigos, saber cómo van cambiando sus gustos, sus necesidades, cómo evolucionan, cómo pasan de solteros a casados, de casados a padres, o de padres a abuelos. Hemos de estar siempre a su lado, sirviéndoles, siéndoles útiles.

¿Alguien piensa que esto se puede hacer con mentiras?

Dice un proverbio chino que la mentira produce flores, pero no frutos. Estoy convencido de que, solo con la honestidad de la verdad, una marca puede conseguir la fidelidad de los consumidores durante años. Incluso en las culturas en las que no se le da tanta importancia a la verdad, ser engañado no es de recibo, y menos aún, por algo que cuesta dinero.

La confianza no se consigue nunca con la mentira. Solo y exclusivamente con la verdad.

Como dijo Nelson Mandela: «Por mucho que la falsedad intente pasar por encima de la verdad, esta prevalece».

Dijo también: «Estoy preparado para mantenerme fiel a la verdad, incluso cuando todo el mundo esté en contra mío».

Suscribo al cien por cien sus palabras, aunque a veces haya que pagar un alto precio por ello.

A pocos días de las elecciones a la presidencia del Fútbol Club Barcelona, un periodista me llamó y me dijo que tenía una encuesta según la cual el impacto de la noticia de que mi rival tenía fichado a David Beckham le iba a hacer ganar a él las elecciones. Me propuso que dijera que yo tenía fichado a Thierry Henry y que él lo difundiría ampliamente y eso contrarrestaría la noticia de Beckham. Le contesté con una frase que luego se hizo famosa: «Prefiero perder las elecciones que perder la dignidad».

Pues bien, eso fue exactamente lo que pasó: perdí las elecciones. Pero no perdí la dignidad, que para mí es mucho más importante. Ni tampoco la confianza de mis clientes, que es el bien más valioso que he conseguido en mi vida profesional.

En algunas universidades americanas y en otras europeas, se estudia el hipotético caso de un accidente de avión, donde sobreviven todos los pasajeros que, tras el aterrizaje forzoso, se encuentran en un lugar desconocido. En el avión hay cosas como una brújula, una tienda de campaña, varios pares de botas, una pistola para lanzar señales al cielo, mapas, etc. Cuando se pregunta a los alumnos qué creen que escogerán los pasajeros, las respuestas varían muchísimo. En las universidades americanas, la mayoría de estudiantes escogen la tienda de campaña, la pistola para lanzar señales al cielo,

Cómo conseguir confianza

etc. En las europeas, la mayoría prefiere la brújula, las botas, los mapas... Eso demuestra una cosa muy interesante: que los americanos confían en que los irán a buscar, mientras que los europeos se fían más de encontrar la solución ellos mismos. Es decir, los americanos confían en su país. Los europeos, no tanto. Personalmente, puedo decir que he hecho esta prueba en varias universidades europeas y es brutal cómo la mayoría de estudiantes escogen la brújula, los mapas, las botas...

Una investigación de Connection Panels (Londres, 2009) muestra que solo el 9 % de los europeos cree en sus Gobiernos, el 17 % en los banqueros, el 11 % en las petroleras. Cada vez más, las personas ponen su confianza en los que tienen más cerca. El 76 % cree en su familia y amigos. Sin embargo, el 48 % sigue confiando en expertos reconocidos, y el 43 % en foros y blogs privados, algo que supone un porcentaje muy elevado, si tenemos en cuenta que los medios tradicionales solo consiguen el 20 %.

Es evidente que Europa y España necesitan que confiemos más en ellas, y no solo sus ciudadanos, también los inversores internacionales, que de un tiempo a esta parte retraen las inversiones en algunos países europeos por lo que ellos llaman «riesgo de país». Nuestra inteligencia comercial, la de nuestros gobernantes, deberá dirigirse a recuperar de nuevo esa confianza. «El poder, sin la confianza de la gente, no es nada», dijo Catalina la Grande.

Otra cosa es la confianza en uno mismo, la más importante de todas las confianzas. Podemos confiar en los otros,

Inteligencia comercial

pero si no confiamos en nosotros mismos, difícilmente llegaremos a alguna parte. «El hombre que no puede creer en sí mismo, no puede creer en nada más», dijo el sacerdote Roy L. Smith.

La confianza en uno mismo se gana con el tiempo, con un éxito, o con muchos éxitos. La gana ese niño, o esa niña, que en el colegio hace una redacción sin ninguna falta de ortografía, o esa criatura que es capaz de ponerse de pie y recitar una poesía o simplemente la lección del día. O el que mete tres goles en el partido de fútbol escolar o el que, como yo, a los doce años aprende judo para que un grandullón no se meta más con él y finalmente es capaz de voltearlo, a pesar de la enorme diferencia de peso, demostrándole así que sus bravatas se han terminado.

Ese mismo año, mis padres me enviaron en avión a París, donde me recogería en el aeropuerto de Orly una prima de mi padre. Cuando muy poca gente volaba, tomé un Super Constellation con cuatro motores de hélice y, tras más de dos horas de vuelo, llegué a la capital de Francia. Viví en casa de esa familia e hice una entrañable amistad con el hijo de ellos que tenía mi misma edad. Al cabo de un mes, regresé, también solo, y tengo que decir que la confianza que mis padres depositaron en mí aumentó mi confianza en mí mismo de forma radical. Por primera vez en mi vida me sentí «mayor».

«Solo la persona que tiene confianza en sí misma puede tener confianza en los otros», afirma el filósofo Erich Fromm. La confianza en nosotros mismos se va desarrollando con

Cómo conseguir confianza

los años si nuestra actuación en la Universidad, o en nuestro primer trabajo, se resuelve con éxito. Crece con nuestros aprobados en junio, con nuestras primeras ventas o con nuestros primeros proyectos aceptados.

Como dijo el escritor médico Orison Marder: «El que confía en sí mismo, inspira también confianza en los demás».

Pocas cosas dan tanta confianza en uno mismo como pasar de aprender a hacer, a hacer. Decía Antonio Puig, el fundador de la mundialmente famosa empresa de perfumería Puig, que la vida tiene cuatro etapas:

1. Aprender a hacer.
2. Hacer.
3. Enseñar a hacer.
4. Dejar hacer.

Cada vez que pasamos de una a otra, nuestra confianza en nosotros mismos mejora mucho.

Dale Carnegie descubrió hace muchos años que la confianza en uno mismo se desarrolla enormemente cuando una persona es capaz de hablar en público y convencer a su audiencia. Por eso creó unos cursos y escribió unos libros que fueron un gran éxito mundial. Aparentemente enseñaba a hablar en público, pero lo que realmente conseguía era que sus alumnos ganaran una tremenda confianza en sí mismos, con lo cual también mejoraba su capacidad de hablar. Una cosa realimentaba la otra.

Inteligencia comercial

Tuve la enorme suerte de conocer a Eduardo Criado antes de que trajera a España esos cursos. Fui alumno suyo en el primero, su ayudante inmediatamente después, y el primer español que siguió el curso de adiestramiento en París para llegar a ser instructor. Saqué el número uno de Europa compitiendo con franceses que se expresaban en su propia lengua, porque comunicarse en público no es cómo pronunciar –que también es importante–, sino cómo llegar a tu audiencia. Cómo eres capaz de emocionar, hacer reír, convencer y mover a la acción. De todo eso una persona con mentalidad vendedora sabe mucho, alguien con inteligencia comercial lo suele hacer mejor que los demás.

Reconozco que gané muchísima confianza en mí mismo con esos cursos, con la lectura de muchos libros relacionados con el tema y, sobre todo, como instructor, cuando formé a más de dos mil personas en el fácil arte de hablar en público. Hice una auténtica amistad, que aún dura, con empresarios de todo tipo, ingenieros, abogados, médicos, incluso locutores de radio y televisión.

Tanto hombres como mujeres, jóvenes y mayores, todos sacaron partido de aquellos cursos, y yo también. Algunos me confesaron haber pasado auténticas angustias durante una comida tras la cual debían dirigirse al resto de los comensales, mientras que ahora buscan la ocasión de hablar en público. Otros me agradecían haber ganado la suficiente confianza en sí mismos como para dejar un empleo tranquilo y emprender una nueva aventura profesional de más riesgo. Vicent Lombardi, entrenador de fútbol americano,

Cómo conseguir confianza

dijo: «La confianza es contagiosa. También la falta de confianza».

Confianza en sí mismo es lo que demuestra Messi cuando dribla a tres contrarios en un metro cuadrado, aunque parezca imposible, y luego chuta y mete un extraordinario gol.

Un axioma latino del poeta Virgilio dice: «Pueden hacerlo, porque creen que pueden hacerlo». También el arquitecto norteamericano Frank Lloyd Wright dijo algo similar: «Las cosas siempre pasan si tú realmente crees en ellas y creer en una cosa hace que suceda».

«Si estás seguro de que tienes razón, sigue adelante», profetizó el congresista estadounidense David Crockett.

2.
Valores humanos para desarrollar la inteligencia comercial

En algunas empresas americanas dividen a sus ejecutivos en *farmers* o *hunters*, granjeros o cazadores. Los granjeros son los que cuidan bien a los clientes que tienen. Los cazadores son los que continuamente van a la busca de clientes nuevos. Y por eso, tal vez, están mejor remunerados. Yo creo que es un error, porque me parece tan importante una función como la otra. Ganar un nuevo cliente tiene más *glamour*, pero conservarlo siempre tiene más mérito.

Conservar un cliente contento es como conseguir una esposa feliz. Has de decirle que la quieres todos los días.

Todas las personas tenemos distintos valores humanos. Unos son imprescindibles para desarrollar la inteligencia comercial. Otros son simplemente buenos. Y no conozco ninguno que sea malo.

Estos son los que me han ayudado a mí:

Amabilidad

«La amabilidad hace nacer más amabilidad.»
SÓFOCLES

Parece mentira que ya Sófocles anticipara que la amabilidad genera amabilidad. La amabilidad y la educación son dos pilares de la inteligencia comercial, sin los cuales puede llegar a tambalearse.

Decía David Ogilvy que él nunca haría una campaña de publicidad que pudiera ofender a su mujer. Y yo añado que tampoco al resto de la población. Estamos en unos momentos en que vemos demasiados anuncios y demasiadas películas, especialmente dirigidos a la gente joven, que utilizan palabras e imágenes soeces, maleducadas y nada amables. Eso puede parecer que acerca la marca a los jóvenes de hoy, pero la aleja de todos los demás consumidores, e incluso de esos mismos jóvenes tan pronto pasan por esa edad «especial».

La amabilidad no es falta de fuerza o de energía. La amabilidad es simplemente caerle bien a la persona de delante.

Autenticidad

Dicen que Leonard Bernstein fue a ver a George Gershwin para que le enseñara a componer como él y Gershwin le contestó que no quisiera ser un segundo Gershwin, que fuera un primer Bernstein. Y así fue.

Valores humanos para desarrollar la inteligencia comercial

No vale la pena querer ser como otro, cuando podemos ser nosotros mismos, eso sí, unos mejores nosotros mismos.

Creatividad

Es uno de los valores que más me ha ayudado, no solo en mi vida profesional sino también en mi vida personal. He dedicado a la creatividad más de cuarenta años. He hecho más de dos mil campañas de publicidad que he conseguido vender a mis clientes, y así las he podido ver en televisión y en otros medios, campañas que han vendido millones de hojas de afeitar, de caldos y sopas, de zapatillas deportivas, de coches, de seguros… Siempre aplicando el principio de que la creatividad es hacer algo diferente, mejor que como se ha hecho hasta ese momento, fijando de esta manera un nuevo estándar de cómo deben hacerse ese tipo de cosas.

Pero también he educado a mis hijos aplicando ideas creativas. En una ocasión llegaron mis dos hijas mayores del colegio llorando. Les habían prohibido ver la televisión para que así leyeran más. Para tranquilizarlas, les dije que en nuestra casa nada estaba prohibido, que todo se podía dialogar. Entonces les propuse dejarles ver la televisión cada día, el mismo tiempo que ellas, antes, hubieran dedicado a la lectura. Y fueron las mejores lectoras de la clase.

Criterio

El psicólogo Bernabé Tierno, autor de cuatro magníficos libros sobre valores humanos, escribió: «Tener un criterio es estar capacitado para un acertado juicio». O como dijo Ortega y Gasset: «La vida es un constante proceso de decidir qué es lo que vamos a hacer».

Decidir no es tan fácil, porque uno no tiene siempre control de todos los elementos necesarios para la decisión. Quiero ver esta película, pero no la dan en el horario que yo la podría ver. ¿Qué hago? ¿Veo otra, no voy al cine o cambio otras cosas para poder ir en el horario que la dan? Hasta para las cosas más sencillas hay que tomar decisiones y el buen criterio es lo que nos ayuda a tomarlas.

Muchos *product managers*, recién salidos de la Universidad, se enfrentan a problemas para los que hace falta una experiencia y un criterio que ellos aún no tienen, y entonces lo sustituyen por la investigación. Sin embargo, hay muchas cosas que no se pueden investigar porque los encuestados responden correctamente lo que les gustaba en el pasado o les gusta en el presente, pero no saben qué les gustará en el futuro.

Ya lo dijo Henry Clay, estadista norteamericano: «Las estadísticas no pueden sustituir al criterio». El criterio se tiene o no se tiene, aunque la experiencia puede desarrollarlo, y las personas con experiencia, que saben más, infunden más confianza.

Valores humanos para desarrollar la inteligencia comercial

Decisión

«Las decisiones determinan el destino.»
FREDERICK SPEAKMAN, escritor

Creo sinceramente que es verdad y que, en cambio, no es verdad lo contrario, que el destino determine las decisiones. Somos nosotros y ninguna otra fuerza natural o sobrenatural los que hemos de decidir. «Esto lo arregla el tiempo» puede ser una buena solución si lo que necesita el problema para resolverse es tiempo, pero es una mala decisión dejar que sea el tiempo el que arregle, o no, un problema.

Cada vez que viene a verme un colaborador para que le ayude a resolver un problema, le hago estas cuatro preguntas:

1. ¿Cuál es el problema?
2. ¿Cuáles son las causas del problema?
3. ¿Cuáles son las posibles soluciones?
4. ¿Cuál es la mejor solución?

En un 90 % de los casos, la solución me la propone el propio colaborador, que simplemente no se había hecho antes estas cuatro preguntas.

Definir bien el problema es el primer paso para determinar las causas, pensar en las posibles soluciones y escoger la mejor solución para resolverlo.

Deseo de aprender

«Siempre se puede aprender algo de cada persona.»
PIYUSH PANDEY, presidente ejecutivo
y director creativo Ogilvy sur de Asia

Por bueno que uno sea, si no tiene la capacidad de aprender, sus conocimientos se quedarán obsoletos.

Un excelente creativo publicitario español, redactor para más detalles, me dijo en 1975 que a él la televisión no le interesaba nada, que la tele nunca sustituiría a la prensa o a la radio. Efectivamente, no sustituyó a la prensa ni a la radio, pero se llevó un gran bocado de la tarta publicitaria, y el creativo en cuestión, que no había aprendido a hacer televisión, se fue quedando obsoleto hasta que su empresa hizo suspensión de pagos y cerró.

Por suerte, a mí sí me interesó y de 1975 a 1980, ya presidente de mi agencia Bassat & Asociados, fui doce veces a Nueva York, en periodos de aproximadamente un mes y medio cada vez, para aprender televisión.

Recuerdo el primer día de trabajo. Había llegado la tarde anterior. Me levanté temprano y a las ocho en punto de la mañana me presenté donde me habían citado, en los platós de Elbert Budin, uno de los mejores directores de cine publicitario americano. Llegué vestido con americana y corbata y, nada más verme, el director de producción de Ogilvy, Bill Chororus, un americano de origen griego, me saludó y me dijo: «¿Ves ese decorado de la izquierda?». «Sí», le contesté.

Valores humanos para desarrollar la inteligencia comercial

«Pues has de ponerlo a la derecha.» Por un momento dudé de si lo había entendido bien, ya que mi inglés entonces no era demasiado bueno. Le pedí que me lo repitiera y ya enfadado me dijo: «¡Que pongas ese decorado en ese otro sitio!». Me saqué la americana, la corbata, me remangué las mangas de la camisa y lo hice.

Durante todo el mes y medio moví decorados, focos, e incluso serví algún café. A pesar de que yo era presidente de una agencia de publicidad que empezaba a tener éxito, Bill Chororus creyó, acertadamente, que mi aprendizaje debía comenzar por el principio.

Durante esas doce estancias hice de todo y en la última ya escribía guiones de *spots* de televisión con Reva Korda, la directora creativa que sustituyó a David Ogilvy en ese cargo.

Paul Arden, el famoso publicitario inglés, escribió: «Todos quieren ser buenos, pero no muchos están dispuestos a los sacrificios que hay que hacer para ser grande».

Eficacia

«Ser eficaz no es escalar bien, sino llegar al pico.
No es tirar, sino dar en el blanco.
No es navegar, sino llegar a puerto.»
EDUARDO CRIADO, escritor

Dos de los mejores creativos con los que he trabajado en mi vida eran diametralmente opuestos: uno necesitaba un mes para hacer una campaña y durante ese tiempo no se le podía pedir nada más, porque perdía la concentración. Pero al cabo de ese mes la campaña que había realizado era impecable, extraordinaria. Al otro, si se le encargaba una campaña por la mañana, por la tarde ya tenía cinco ideas, tal vez una muy buena, una regular y tres malas. Eso en principio era magnífico, salvo que él no sabía cuál era la buena de las cinco.

¿Cuál de los dos creativos era el más eficaz? Sin duda el segundo, porque era capaz de producir una buena campaña al día, naturalmente con la ayuda de su director creativo, que le decía cuál era la buena de las cinco.

¿Pero cuál de los dos podía ser mejor director creativo? Sin duda el primero, porque sin tener un jefe por encima, hacía, aunque un poco lentamente, una muy buena campaña cada vez.

El segundo, una de las personas con más talento pero con menos criterio de las que he conocido, nos dejó para ir de director creativo a otra agencia, y en cuanto él tuvo que tomar decisiones fracasó, hasta el extremo de que esa agencia ya ha cerrado.

He utilizado este ejemplo para poner de manifiesto que cuando se habla de eficacia no se puede juzgar igual a todas las personas.

Entre vendedores, no es más eficaz el que más vende hoy, lo es el que más vende hoy y el que mejor prepara las ventas de mañana, igual que la campaña de publicidad más eficaz es la que vende hoy y construye la marca para seguir vendiendo mañana y pasado y el otro. En definitiva, la que consigue más y mejor el mayor número posible de clientes.

Pero no hay que olvidar que eficacia no es solo ir hacia el objetivo, sino también disfrutar del camino. Conduciendo de noche podemos llegar a nuestro punto de destino, pero conduciendo de día además podemos disfrutar del paisaje.

Ejemplaridad

> «Las palabras mueven,
> pero los ejemplos arrastran.»
> ADAGIO LATINO

En cualquier batalla, hay una diferencia enorme entre el coronel que dice a sus soldados: ¡Avanzad! y el que les dice: ¡Seguidme!

Yo he intentado, durante toda mi vida, ponerme delante de mi gente y decirles: ¡Seguidme! Un día un colaborador mío me hizo notar un problema con esta analogía: cuando te subes en una bicicleta, dices: ¡Seguidme! y arrancas, mira de vez en cuando para atrás, porque tal vez alguno de nosotros no puede seguir tu ritmo.

Son los hechos y no las palabras los que consiguen confianza de los colaboradores y también de los hijos.

Empatía

La simpatía con una persona es sentir como esa persona. La empatía no es lo mismo. Es saber cómo siente esa otra persona.

Si vamos a un funeral y tenemos simpatía por la persona que sufre el duelo, acabaremos llorando con ella.

Si sentimos empatía con ella, sabremos cómo siente y podremos, sin duda, ayudarla mejor.

El vendedor ha de tener siempre empatía con el comprador.

Entusiasmo

«Los años arrugan la cara,
pero perder el entusiasmo arruga el alma.»

WATTERSON LOWE

En la introducción de este libro ya hablo del entusiasmo con que Jordi Nadal me propuso escribir este libro y cómo eso me convenció.

También yo pongo entusiasmo en lo que hago. Si no, no hubiera ganado el concurso para hacer las ceremonias olímpicas de Barcelona '92. Competíamos contra seis grupos, todos ellos más preparados que nosotros para producir una ceremonia olímpica, ya que eran productores de conciertos, de espectáculos, de películas. Pero nosotros teníamos dos armas

Valores humanos para desarrollar la inteligencia comercial

secretas, la creatividad y un entusiasmo contagioso que nos fue permitiendo, presentación a presentación, ir ganando votos de las 36 personas que formaban el jurado: miembros del Gobierno de España, del de Cataluña, del Ayuntamiento de Barcelona y del Comité Olímpico.

El entusiasmo no es como una bombilla que se puede encender y apagar. El entusiasmo genuino sale de dentro, del convencimiento de que lo que estás haciendo vale la pena, porque el resultado compensará el esfuerzo y conseguirá el entusiasmo de todos los demás.

El entusiasmo real, sincero y honrado sale del corazón.

No éramos el grupo favorito, pero después de cinco agotadoras presentaciones, en un corto periodo de tiempo, ganamos conjuntamente la productora Ovideo y nosotros: Bassat Sport, una unión temporal de empresas con el diario *Sport*, que aportaba su enorme conocimiento olímpico.

Recuerdo que vendí el concepto de nuestra ceremonia de inauguración no como un espectáculo, sino como un *spot* en vivo de tres horas y media de duración, que vendería una nueva imagen de Barcelona, de Cataluña y de España. Y puse tal entusiasmo en las respectivas presentaciones que conseguí transmitirlo a los miembros del jurado, que empezaron a usar mi terminología de «el *spot* más largo jamás realizado».

Fueron casi tres años de trabajo agotador. Tuvimos que resolver mil problemas, pero el entusiasmo no cejó y conseguimos trasladarlo a las ciento sesenta y pico personas que contratamos para formar el equipo. Desde Pepo Sol a Josep

Inteligencia comercial

Mª Casanovas, Manel Huerga, Carlos Iniesta, y el propio Josep Carreras como director musical, junto con Josep Pons, el actual director de la Orquesta Nacional de España. Formamos un equipo con los mejores profesionales de cada especialidad y el entusiasmo llegó a todos ellos. Todos celebramos el final de nuestro trabajo como uno de los mayores éxitos de nuestras vidas, porque no solo fue nuestro, fue de Barcelona, de Cataluña, de España y de todo el movimiento olímpico.

Casi todas las imágenes de esas ceremonias están aún en mi mente y creo que el entusiasmo que produjeron no lo olvidaré nunca.

Experiencia

«Se busca vendedor con mucha experiencia, de 18 a 24 años.»

Este anuncio apareció un día entre los clasificados de un periódico de Barcelona. Obviamente no debió de tener ninguna respuesta.

La fuerza de la juventud es imprescindible en las empresas, pero la experiencia de la madurez lo es todavía más. Y si se tiene una cosa, difícilmente se puede tener la otra.

Hace un tiempo, la dirección de Google en San Francisco me invitó a dar una conferencia sobre creatividad a 450 directores de esa empresa, de países de todo el mundo, que se reunían en California. Acepté, viajé a San Francisco, y al día siguiente a las tres de la tarde me dirigí a la sala donde debía hablar. ¡No me lo podía creer! Eran todos más jóvenes que mi hijo pequeño. Tal vez ninguno llegaba a los treinta años. Pero luego, cuando me enseñaron las enormes dependencias de Google, también pude ver a personas maduras. Tal vez esto es una buena combinación. Jóvenes con fuerza y no tan jóvenes con experiencia. Dicen en el servicio militar que la experiencia es un grado. Yo creo que en la empresa también.

Gratitud

«Es de bien nacido ser agradecido.»
ANÓNIMO

Agradecido no quiere decir mandar un jamón serrano a tus clientes por Navidad. El agradecimiento ha de prodigarse todo el año. Si vivimos de nuestros clientes 365 días al año, ¿no deberíamos agradecérselo más a menudo y no solo por Navidad? No estoy hablando de regalos. El agradecimiento pueden ser unas buenas palabras, una buena idea, una buena información, un buen servicio durante todo el año.

Por otra parte, Dale Carnegie escribió hace muchos años, en uno de sus famosos libros acerca de cómo suprimir las preocupaciones y disfrutar de la vida, una frase que me repito muy a menudo: «Espera ingratitud». ¡Cuántas veces hacemos por los demás cosas que no nos agradecen! Si esperamos ingratitud no nos vendrá de nuevo cuando aparezca. Y por lo menos, al esperarla, no nos dolerá tanto.

Honradez

Para la mayoría de empresarios, la honradez, la honestidad y la integridad son condiciones necesarias para confiar en un colaborador. Pero ¿cómo se miden estos valores antes de contratar a una persona? Pues no hay más remedio que tener la información adecuada, o si no, hablar durante mucho rato con el candidato y no tener miedo a preguntarle cosas como qué es de lo que está más satisfecho, de todo lo que ha hecho en su vida, hasta ese momento. Si nos contesta que de haber batido un récord de ventas, está bien; pero si nos dice que en una ocasión le ofrecieron mucho más dinero por irse a trabajar con un competidor de su empresa y que lo rechazó, está aún mejor.

Las personas somos como somos y, excepto si entrevistamos a un gran actor de teatro, al cabo de un buen rato de conversación todos nos delatamos, para bien o para mal.

La honradez no se lleva en el currículum, sino en la actitud y en los hechos de las personas.

Valores humanos para desarrollar la inteligencia comercial

Humanidad

José María Clapés era el director financiero de nuestro grupo en España. Le preocupaba el presente y el futuro de nuestras empresas, pero le preocupaba todavía más el presente y el futuro de todos los que trabajábamos en ellas. Se convirtió en una especie de padre espiritual de todos nosotros. Era raro el día que no veías a alguien entrar en su despacho con cara de apuro y salir al cabo de un rato relajado y sonriente. Escuchaba, interpretaba y te daba siempre el consejo más acertado.

No en balde, en la época en que mi mujer y yo viajábamos mucho juntos y nuestros hijos eran aún pequeños, decidimos darle ante notario los poderes necesarios para que en caso de nuestra muerte tutelara a nuestros hijos hasta que fueran mayores de edad. Hasta este punto se ganó nuestra confianza.

José María tenía una gran humanidad por partida doble: era alto, grueso e imponía, y por otra parte era uno de los seres humanos mejores que he conocido en mi vida.

Desgraciadamente una cruel enfermedad se lo llevó a los sesenta y seis años. La humanidad perdió una gran persona.

Humildad

> «La humildad es como la ropa interior, esencial, pero indecente si la muestras.»
>
> HELLEN NIELSEN, escritora

Tengo un conocido que me dijo un día: «Yo soy modesto, muy modesto. Es más, ¡soy el más modesto del mundo!». Como dijo Hellen Nielsen, ese tipo era indecentemente presuntuoso.

La modestia, la sencillez, la humildad, no hace falta pregonarlas. Se notan enseguida, y enseguida atraen la atención en este mundo competitivo en el que cada uno quiere ser mejor que el de al lado. Pero son los modestos, los humildes y los sencillos los que, en igualdad de talento, se llevan el gato al agua.

Humor

Toda la vida he sido un enamorado de las personas con humor. Empezando por Gila, Pepe Iglesias «El Zorro», Tip y Coll, Eugenio, Perich, Cesc, Forges, Máximo, El Roto, Farreras, Toni Batllori, El Tricicle, Andreu Buenafuente…

La persona que te regala una sonrisa está haciendo algo importante por ti. Tenemos tantos motivos para estar preocupados a lo largo de un día que sonreír, aunque sea un momento, quita presión, relaja, se agradece.

Valores humanos para desarrollar la inteligencia comercial

La capacidad de hacer sonreír en algún momento no hace perder seriedad en alguien con inteligencia comercial. Todo lo contrario.

Justicia

A los diez años conocí a Guillermo Vidal Andreu, que llegó a ser uno de los mejores amigos de mi vida. Llegó también a ser presidente del Tribunal Superior de Justicia de Cataluña. Nos unían muchas cosas, pero, sobre todas ellas, nuestro común sentido de la justicia, que él desarrolló profesionalmente y yo, personalmente.

Ese sentido de la justicia incluía, naturalmente, la lucha contra las injusticias.

La inteligencia comercial se basa también en este valor humano. ¿Qué es lo más justo para el comprador y el vendedor? ¿Ha tratado el vendedor al comprador con equidad respecto a otros compradores? No hay nada más efectivo para perder la confianza en un vendedor que enterarnos de que ha tratado a otro comprador mejor que a nosotros.

El sentido de la justicia es también importantísimo en el trato con nuestros hijos. Los niños son tremendamente sensibles a cómo les tratan sus padres y cómo lo hacen con sus hermanos.

Lealtad

Es uno de los valores humanos que más se aprecia en las compañías. Especialmente, en estos momentos en que vemos o leemos de tantas personas que se han ido de su empresa llevándose los secretos y vendiéndolos a la competencia.

Pero la lealtad no es solo a nuestra empresa. Es también a nuestros clientes.

En estos momentos hay una enfermedad que está matando millones de naranjos en Estados Unidos. La lealtad de los agricultores con la compañía Coca-Cola, uno de los primeros compradores de naranjas del mundo, ha consistido en avisar con tiempo suficiente. Gracias a ello, Coca-Cola ha podido adelantar sus pedidos, y ellos han comprado nada menos que quince millones de naranjos para plantarlos inmediatamente y poder garantizar el suministro en los próximos años.

Memoria

Recuerdo que en la campaña electoral para la presidencia del FC Barcelona un periodista me preguntó si recordaba una alineación antigua del Barça, y me equivoqué en un jugador, lo que entre algunos fue visto como «no sabe bastante de fútbol». Algunos de aquellos tertulianos podrán dar la alineación titular de todos los años, e incluso quién marcó los goles en cada partido. Exactamente igual que te lo dice hoy cualquier ordenador.

Sinceramente, debo decir que prefiero guardar mi memoria para almacenar cosas que no puedo encontrar en un ordenador. Algo parecido es lo que dijo Einstein cuando alguien se sorprendió de que no recordara su propio número telefónico. Lo importante de recordar cosas es sacar conclusiones. Ya lo afirmó Vauvenargues, escritor francés: «El tonto que tiene buena memoria está lleno de pensamientos y de datos, pero es incapaz de sacar conclusiones».

Oportunidad

«Aprovechad las oportunidades,
porque rara vez se presentan.»

GOETHE, escritor

Se dice que Arafat, y tal vez se podría decir también de Netanyahu, nunca perdieron la oportunidad de perder la oportunidad.

Todo tiene su momento en la vida. El proceso de paz entre israelíes y palestinos tuvo su oportunidad en Camp David, y quizás la vuelva a tener. Espero que ahora nadie pierda la oportunidad.

También en las empresas y en los negocios se puede perder la oportunidad, o aprovechar la oportunidad. ¿No es esto último mucho mejor?

Optimismo

La vida no es la misma para un pesimista que para un optimista. El pesimista se decepciona menos, porque espera las malas noticias, pero el optimista vive mejor, más alegre, y a veces la actitud propia es lo que cambia la actitud de los demás, ya que como escribió el periodista inglés Peter Levy, el optimismo o la esperanza llevan a la acción.

Sin embargo, no siempre es malo el pesimismo. Mi padre decía que los judíos pesimistas que vivían en Alemania a principios de los años cuarenta ahora están en Nueva York, mientras que los optimistas murieron en las cámaras de gas.

Orden

Si solo tuviéramos que hacer una cosa al día, qué fácil sería, ¿verdad? Pero lo cierto es que, desde los cargos de menos responsabilidad hasta los de la más alta, tenemos varias, si no muchas cosas que hacer cada día. Y demasiadas veces lo urgente no nos deja hacer lo importante. Por eso es tan importante priorizar.

Mi secreto consiste en destinar un momento cada día, normalmente antes de empezar a trabajar, para ordenar, por orden de importancia, lo que he de hacer ese día y, si al final no llego a todo, me consuelo pensando que he dejado de hacer lo menos importante.

Organización

He sido presidente de mi agencia de publicidad desde que éramos dos personas hasta que llegamos a ser unas 650. Y creo que, si algo he hecho bien, ha sido organizar, delegar y supervisar.

Organizar no es difícil. Basta pensar que cada persona no puede tener más de un jefe y que cada jefe no debería tener más de diez personas trabajando para él directamente.

Para organizarme así llegué a inventar una agenda que llamé Wings, donde dedicaba una página a cada una de las diez personas que reportaban directamente a mí. Ahí tenía escritos los objetivos que marcaba a cada uno de ellos y la fecha en que se tenían que cumplir. Con alguno de mis colaboradores despachaba una vez al día y con otros una vez por semana, pero siempre con mi agenda y mi lista de cosas pendientes delante.

Delegar no es encargar algo y olvidarse. Delegar es dar la responsabilidad de una tarea a otra persona y ayudarle a que consiga su objetivo.

Supervisar quiere decir exactamente esto, controlar que la persona a la que se le ha delegado algo vaya por buen camino.

Dirigir así no es difícil, de verdad.

Proactividad

Una de las cosas que me gusta más de Montse, mi ayudante, es que muchas, muchas veces, cuando le pido algo me contesta que ya está hecho.

A eso se le llama proactividad y yo lo valoro muchísimo. Podemos ser reactivos y hacer un buen trabajo, pero solo si somos proactivos lo convertiremos en excelente.

Por otra parte, como asegura Josep Mª Tous, autor de numerosos test: «Los proactivos aprenden más rápido, pero no porque sean más listos, sino simplemente porque no temen tanto el error, ensayan más veces y así acaban aprendiendo antes, a hablar inglés o a ir en bicicleta».

Reflexión

Yo pienso continuamente, y me suelo apuntar todo lo que vale la pena de mis pensamientos.

Hay una hora del día en que fluyen a mi cabeza más ideas que en ningún otro momento, el duermevela. Cuando me pongo a dormir, me relajo, y entonces empiezan a fluir en mi cerebro ideas y soluciones a problemas que no he conseguido resolver durante el día.

Una noche, preocupado por una campaña de publicidad, me fui a dormir y al poco rato me vino a la cabeza una idea extraordinaria. Pensé: «Mañana por la mañana lo escribo», y cuando me desperté, no hubo manera de recordarla.

Valores humanos para desarrollar la inteligencia comercial

Desde entonces duermo con un bloc de notas y un bolígrafo en la mesita de noche y, a la que se me ocurre algo interesante, enciendo la luz y lo escribo. Creo sinceramente que el ser humano no deja de pensar ni cuando duerme, y eso nos lo podría corroborar cualquier neurólogo.

Resistencia

«El éxito es ir de fracaso en fracaso sin perder el entusiasmo.»

WINSTON CHURCHILL,
primer ministro británico

Cuando abrí mi agencia Bassat & Asociados, en octubre de 1975, no pensé que la crisis del petróleo que empezó en 1973 y duró varios años podía afectarnos tanto, no en la consecución de clientes, que los conseguimos, pero sí en el cobro.

El primer año uno de nuestros clientes hizo suspensión de pagos, lo que ahora se llama concurso de acreedores, y nos dejó de pagar una factura de diez millones de pesetas, tanto como habíamos ganado nosotros trabajando catorce horas diarias durante todo el año. Vinieron a verme nuestros proveedores de publicidad exterior, en la que se basaba aquella campaña, y también los demás: prensa, radio, etc., para proponerme una quita: «¿Cuánto nos podrías pagar de esos diez millones, Luis?». No lo dudé ni un instante. «Todo», les dije. «No es culpa vuestra que un cliente mío nos haya dejado de pagar. Yo soy vuestro cliente y mientras yo pueda, pagaré siempre.»

Eso se nos llevó los beneficios enteros del primer año. Y al segundo nos sucedió algo parecido, con un impago de más dinero, y también al tercer año, y al cuarto, hasta que al quinto otro cliente nos dejó de pagar la friolera de cuarenta y cinco millones de pesetas. Para ponerlo en perspectiva, en 1980 eso era el precio de un piso de 250 m^2 en la mejor zona de Madrid o Barcelona. Pues bien, también pagamos a los proveedores y eso significó, una vez más, quedarnos sin un duro de beneficios.

Se podría pensar que fuimos imprudentes, pero si diera ahora los nombres de los que dejaron de pagarnos, que no lo haré, creo que todos hubiéramos sido igual de confiados. Lo cierto es que a partir de 1980 muchos medios empezaron a pedir avales a las agencias de publicidad, algunas de las cuales no pudieron darlos, en cambio a nosotros no nos los pidieron, porque como se decía en los medios: «Bassat paga».

Eso nos dio una reputación extraordinaria y, por suerte, no volvimos a sufrir otra suspensión en muchos años.

Como decía Winston Churchill, fuimos de fracaso en fracaso económico durante los primeros cinco años de la vida profesional de nuestra agencia, Bassat & Asociados, pero no perdimos el entusiasmo ni la confianza de que algún día las cosas nos irían mejor, como así fue.

Valores humanos para desarrollar la inteligencia comercial

Respeto

Siempre trato de ver las cosas desde el punto de vista de los demás. Es lo que los americanos dicen tan a menudo: «Si yo estuviera en tus zapatos...». Es la única manera de evitar una discusión, porque las cosas pueden ser diferentes desde un punto de vista o desde otro.

El punto de vista del comprador no tiene por qué ser el mismo que el del vendedor. A veces, muchas veces, son opuestos y solo si tratamos de ver las cosas desde el otro punto de vista, con inteligencia comercial, podremos llegar a cerrar el trato. Y si ese trato es favorable a nosotros, hemos de permitir que la otra parte salve su propio prestigio.

A nadie le gusta perder y el sabor de la derrota solo crea enemigos.

Responsabilidad

Mi mujer y yo hemos tratado de educar a nuestros hijos de forma responsable, dándoles a ellos responsabilidades cuando podían ejercerlas.

Eso mismo sucede en las empresas que entrenan bien a su gente joven. De nada sirve darle a un becario una responsabilidad que no pueda soportar. La responsabilidad se ha de ir dando cachito a cachito, cada día un poco más, hasta que la otra persona pueda aceptarla íntegramente sin riesgo de fracaso inmediato.

Es tan sencillo como darle al niño primero un triciclo; después, cuando ya pedalea muy seguro, una bicicleta con dos ruedecitas detrás; y por último, cuando ya la domina bien, quitarle esas dos ruedecitas traseras.

¡Qué difícil es que un niño que no ha ido en triciclo ni en bicicleta con dos ruedecitas atrás agarre bien una bici normal y empiece a pedalear!

Háganme caso: cachito a cachito.

Saber escuchar

Para casi todo en la vida, es mejor escuchar antes que hablar. Escuchando se aprende, hablando se enseña. ¿Qué es lo que nos interesa más?

Claret Serrahima, uno de los mejores diseñadores gráficos de nuestro país, Premio Nacional de Diseño, siempre dice: «Si he aprendido algo, es porque he escuchado mucho».

Escuchar es demostrar respeto por las opiniones ajenas.

El buen publicitario, como el buen médico, ha de escuchar con enorme atención, porque muchas veces el cliente o el paciente, explicándote sus problemas, también te da la solución.

Tengo que reconocer que en alguna ocasión he podido resolver el problema de un cliente antes de finalizar la primera reunión, aunque haya tenido que permitir que él sienta la idea como suya.

Valores humanos para desarrollar la inteligencia comercial

Personalmente, desconfío de los médicos que casi antes de preguntarte qué tienes, qué sientes o cómo estás te empiezan a explicar sus teorías de que hay que comer cinco veces al día, o de que hay que dormir ocho horas diarias, o de que el estrés es el culpable de todo.

Hay que permitir que sea la otra persona la que hable más. Y cuando hablemos nosotros, mejor hablar de lo que interese a los que nos escuchan. Contemos alegrías, no problemas.

Se dice que el ser humano ha sido hecho con dos orejas y una boca porque escuchar es más importante que hablar.

Saber rectificar

«Errar es humano. Rectificar es divino.»

Recuerda Francesc Miralles que la historia de la humanidad está llena de fallos que desencadenaron importantes descubrimientos. Desde el error de cálculo que condujo a Colón al continente americano, pasando por la leche que trasladaban unos comerciantes búlgaros de un pueblo a otro, y que por efectos del sol fermentó y se convirtió en lo que hoy se llama yogur, hasta la historia del investigador de nuevos productos de la empresa 3M, Spencer Silver, que produjo una goma altamente defectuosa, aprovechada por un compañero suyo, Art Fry, para crear uno de los inventos de la papelería moderna: los Post-it.

Inteligencia comercial

El error nos enseñará si le dejamos que nos enseñe.

Siempre hemos oído decir que errar es humano, pero creo que hay que añadir que rectificar es divino.

Mi mujer y yo llevamos 46 maravillosos años casados. Eso no quiere decir que no hayamos tenido ningún problema nunca, por error de uno o del otro. La suerte es que siempre hemos sido capaces de rectificar a tiempo.

Hay que admitir inmediatamente nuestra equivocación o error, antes de hablar de los errores de los demás.

«Todo hombre puede equivocarse. Solo los estúpidos perseveran en el error», escribió Demóstenes.

La inteligencia emocional nos ayuda, sobre todo, en nuestra vida personal. La inteligencia comercial, en la profesional.

Sabiduría

Como ya he mencionado repetidamente, hay que saber del producto que uno vende más que nadie, y eso ahora no es fácil.

Gracias a Internet, muchos compradores llegan a saber del producto que quieren comprar tanto o más que los vendedores. ¡Perfecto! Pero los vendedores han de estar a su altura, y es entonces cuando se produce ese inicio de confianza. Especialmente, si vendedor y comprador utilizan el mismo lenguaje, por técnico que sea.

Sinceridad

Ya he hablado extensamente de la confianza y de la sinceridad en el capítulo 1.

Tenacidad

Aprendí hace muchos años que hay que acabar las cosas que uno empieza. Ya lo dijo Ovidio: «O no lo intentes, o ve hasta el final».

Napoleón Bonaparte utilizó la terminología militar para explicar el mismo concepto: «Si empiezas a conquistar Viena, conquista Viena». Acabar las cosas que empiezas requiere tenacidad y trabajo. Yo les he dado a mis nietos «el truco del abuelo», que consiste en prepararse bien, para una carrera a pie o para un examen, trabajando lo necesario antes para que cuando llegue el momento estemos tranquilos.

El escritor Hermann Hesse dijo: «Todo hombre fuerte alcanza indefectiblemente aquello que va buscando con verdadero ahínco». Y Picasso remató: «Cuando llegue la inspiración, que me encuentre trabajando».

Trascendencia

Jordi Nadal, el editor de este libro, escribió una vez: «Intento dejar rastro de mi vida y no me importa que no sirva de nada. Haber vivido ya es algo extraordinario». Y lo es, del mismo modo que es extraordinario dejar rastro de lo que vamos haciendo o de lo que hemos hecho. Un rastro que puedan seguir nuestros colaboradores, nuestros amigos o nuestros hijos. Para muchos, el rastro es la vida eterna.

Valentía

Un día, el mismo publicitario que no quiso aprender a hacer publicidad en televisión me invitó a comer para reprocharme que estuviera siguiendo sus pasos. Le contesté rápidamente que no, que solo seguía los de Manu Eléxpuru, entonces presidente de la mayor y mejor agencia de España: JW Thompson. Aunque empecé como una boutique creativa, desde el primer momento aspiré a llegar a ser un día la mayor y mejor agencia de publicidad de nuestro país.

Peter Drucker, tal vez el escritor de más éxito en temas empresariales y de marketing, dejó en negro sobre blanco esta frase: «Cuando veas un negocio de éxito, es que alguien, alguna vez, tomó una decisión valiente».

Vitalidad

> «Nadie se hace viejo viviendo,
> solo perdiendo el interés en vivir.»
>
> MARIE BEYNON RAY, escritora

Vivir es nuestra principal actividad y a veces no vivimos como podríamos. Preocupados por el pasado y el futuro, no nos damos cuenta de que estamos en el presente y vale la pena aprovecharlo al máximo, sacando de él todo el partido posible, humana y profesionalmente.

Para mí, la editora Margaret Anderson dio en el clavo cuando escribió: «La gran cosa que aprender acerca de la vida es, primero, no hacer lo que no quieres hacer, y segundo, hacer lo que quieres hacer».

¿Lo hacemos?

Voluntad

La palabra «voluntad» a veces puede usarse peyorativamente. Este chico tiene voluntad, pero...

Pues si este chico tiene voluntad de verdad, se formará, se preparará, trabajará más duro que los demás y, tal vez, llegue un día a ser presidente de su empresa.

Confucio dijo: «No importa cuán lento vayas, con tal de que no te pares». Y Abraham Lincoln lo reafirmó con esta frase: «Soy un marchador lento, pero nunca camino para atrás».

Decir que la voluntad puede mover montañas es una analogía que nos hace ver la inmensa fuerza que tiene este valor humano.

Conocí a Bettina Farreras cuando estudiaba el último año de la carrera de publicidad. Me pidió hacer un periodo de prácticas en la agencia. Su currículum universitario era bueno, pero debía mejorar su inglés. Le dije que lo hiciera durante seis meses en Inglaterra o Estados Unidos, y que a su regreso la contrataría por un año. Mejoró en inglés, la contraté temporalmente y a los cuatro meses ya le ofrecimos un trabajo fijo como ejecutiva de cuentas. Bettina tiene muchas cualidades y probablemente la mayor de todas, su voluntad. Ha llegado a ser la consejera delegada de Bassat Ogilvy Barcelona y sigue trabajando con una voluntad a prueba de bomba.

La voluntad no es poner un enorme esfuerzo en algo y luego dejarlo. Nadie puede presumir de tener una enorme voluntad por haber dejado de fumar más de treinta veces. Eso, más que voluntad, es falta de tesón y perseverancia para dejar de fumar de una vez para siempre.

La voluntad y la perseverancia tienen mucho que ver con los retos y la confianza en uno mismo: soy capaz de hacer esto y, por mucho que me cueste, lo voy a hacer. Einstein ya lo dijo: «Hay una fuerza más grande que la electricidad: la voluntad».

En el mes de junio del año 2010 tuve el honor de dar una conferencia de graduación a los más de 2.500 alumnos que acababan de terminar sus carreras en la Universidad Europea de Madrid.

Valores humanos para desarrollar la inteligencia comercial

Después de felicitarles y hacerles una serie de reflexiones acerca de ese momento tan crucial en sus vidas, les hablé de cómo conseguir trabajo, de cómo hay que seguir aprendiendo siempre, de cómo podía ser su primera entrevista y de cuáles eran mis preferencias personales a la hora de seleccionar o evaluar universitarios, obviamente bien formados, con idiomas, conocimientos de informática, etc. Para terminar, esto fue lo que les dije:

Prefiero los modestos a los pedantes.
Los simpáticos a los antipáticos.
Los serios a los alocados.
Prefiero los alegres a los tristes.
Los optimistas a los pesimistas.
Los sonrientes a los malcarados.
Los atentos a los maleducados.
Prefiero los que tienen sentido del humor a los que no lo tienen.
Los que cuidan su presencia a los descuidados.
Los que prometen poco y cumplen a los que prometen mucho e incumplen.
Los altruistas a los egoístas.
Los generosos con los demás a los trepas.
Los que saben compartir sus éxitos a los que los quieren para ellos solos.
Los que se preparan a los que improvisan.
Prefiero los que arriesgan a los que no son capaces de tomar el más mínimo riesgo.

Inteligencia comercial

Los que madrugan a los que trasnochan.
Los capaces de hacer equipo a los solitarios.
Los que disfrutan trabajando a los que sufren trabajando.
Prefiero los que saben divertirse a los que se aburren siempre.
Los que cuidan su salud a los que queman su salud.
Los que hacen deporte a los sedentarios.
Los que buscan crecer a los que prefieren enriquecerse.
Prefiero los que piensan a largo plazo a los resultadistas a corto plazo.
Los respetuosos a los irreverentes.
Los responsables a los irresponsables.
Prefiero los creativos a los burócratas.
Los despiertos a los dormidos.
Los activos a los pasivos.
Los que se avanzan a lo que les vas a pedir a los que solo hacen lo que les pides.
Prefiero los que buscan soluciones a los que solo encuentran problemas.
Los que saben usar su cabeza y su corazón a los que solo usan su razón.
Los que ponen el alma en su trabajo a los que solo ponen su talento.
Los que viven lo que hacen a los vividores de lo que hacen.
Prefiero los que ayudan siempre a los que siempre piden ayuda.
Los educados a los impertinentes.
Los que saben decir que no a los que siempre dicen que sí.
Los sinceros a los falsos.

Valores humanos para desarrollar la inteligencia comercial

Los que siempre están dispuestos a los que siempre están ocupados.
Prefiero los que saben escuchar a los que siempre hablan.
Los que defienden su punto de vista a los que callan.
En definitiva, prefiero los que tienen una buena actitud a los que no la tienen.

3.
Grandes exponentes de inteligencia comercial

A lo largo de mi vida he trabajado para algún centenar que otro de clientes. He conocido no menos de mil grandes empresarios, presidentes, directores generales, directores comerciales, de marketing, de ventas. He aprendido de todos ellos y a todos ellos estoy sinceramente agradecido, por lo que me han enseñado, por compartir conmigo la mayoría de los valores que hemos visto en el capítulo anterior y por lo mucho que han confiado en mí.

De todos ellos he seleccionado unos pocos para que se desnudaran profesionalmente y contestaran el siguiente cuestionario:

1. ¿Cuál es el rasgo principal de su carácter?
2. ¿Cuál es su tarea profesional preferida?
3. ¿A qué dedica más tiempo cada día?
4. ¿Qué cualidad prefiere en un/a director/a?

5. ¿Participa en las decisiones comerciales de su empresa?
6. ¿Cuál sería su felicidad completa como empresario?
7. ¿Cuál es su empresario favorito en el mundo? ¿Por qué?
8. ¿Cuál es la empresa del mundo que usted admira más? ¿Por qué?
9. ¿Qué consejo daría usted a alguien que empieza su carrera comercial?
10. ¿Cuál ha sido el mejor consejo profesional que le han dado en su vida?
11. ¿Puede reconocer un error importante que haya cometido en su vida profesional?
12. ¿Cuál es el mayor error profesional que ha visto cometer a otra persona? (Si no quiere, no mencione su nombre).

Yo no sé si nací con inteligencia comercial o no. Tal vez heredé una pequeña parte de la mucha que tenía mi padre y a medida que fui creciendo fui desarrollándola por absoluta necesidad.

De los diecisiete a los veintidós años estudié Ciencias Económicas por las tardes y por las noches trabajé de lo único que te contrataban en esa época, sin la carrera terminada ni el servicio militar hecho: de vendedor a comisión. Reconozco que aprendí mucha más inteligencia comercial de mi trabajo en la calle que de mis magníficos profesores de Economía en la facultad.

Grandes exponentes de inteligencia comercial

A los veintidós años decidí casarme con Carmen, que tenía veintiuno. Entonces yo ya ganaba veinte mil pesetas fijas al mes y ella, seis mil. Queríamos comprar un piso en una zona concreta de Barcelona. En aquella época todos los pisos en venta se anunciaban en *La Vanguardia*. Recuerdo que pasamos horas y horas estudiando esos anuncios hasta que llegamos a conocer toda la oferta de pisos en esa zona. No dudamos en dar cien mil pesetas de paga y señal por un quinto piso que valía quinientas mil y que tenía la mejor relación calidad/precio de todos los que se vendían en aquel momento en esa zona. Y pasó lo que tenía que pasar. A las pocas semanas se habían vendido todos los pisos de esa finca excepto el primero, y unos nuevos compradores nos ofrecieron el doble de nuestra paga y señal, doscientas mil pesetas, si renunciábamos al quinto piso. No lo dudamos, y con esas doscientas mil dimos la paga y señal de otro piso mejor y más caro. Y volvió a pasar lo mismo. Nos ofrecieron el doble por renunciar a él. También aceptamos y dimos las cuatrocientas mil pesetas de paga y señal por un piso muchísimo mejor, evidentemente más caro, y que ya fue nuestra vivienda los primeros cinco años de casados.

¿Cómo conseguimos eso? Trabajando. Teniendo más y mejor información que nadie. Información racional, pura y dura. También tomando un cierto riesgo, el de encontrar cada vez un piso mejor. En muchas ocasiones, en el mundo comercial, el que tiene más y mejor información, más gana.

Inteligencia comercial

Isak Andic
Presidente de Mango

Conocí a Isak Andic, presidente, fundador y socio mayoritario de Mango, una de las empresas de moda más importantes del mundo, cuando llegó a Barcelona con sus padres y su hermano mayor, Nahman, en 1969. Él tenía entonces catorce años. Habían dejado Turquía, concretamente Estambul, en busca de un lugar mejor donde ganarse la vida y su dominio del castellano, aunque fuera ese español antiguo llamado ladino que se hablaba en Turquía, les llevó a Barcelona. Mi padre, que también había nacido en Estambul, les acogió enseguida en nuestra casa y nació entre las dos familias una extraordinaria amistad que ha durado siempre.

Isak acabó el colegio en Barcelona, pero desde que llegó no dejó de desarrollar su inteligencia comercial. Es posible que la llevara en sus genes, pero también es posible que fuera él quien la desarrollara de una forma extraordinaria. Lo cierto es que en vacaciones se iba a Turquía y volvía con una maleta llena de camisas preciosas que se hacían ahí y que él vendía aquí.

Al acabar el colegio abrió una minúscula tienda de seis metros cuadrados en un mercadillo de la parte alta de Barcelona, donde empezó a vender esas camisas turcas como las que él llevaba, que entusiasmaban a sus amigos, y alguna otra prenda, que también vendía de inmediato.

Nadie le pidió que se ganara la vida desde tan joven, pero él lo hizo. Y ha construido una historia apasionante de la

Grandes exponentes de inteligencia comercial

que se habla ya en las mejores universidades de negocios del mundo: Mango tiene actualmente más de dos mil puntos de venta en ciento cinco países y sigue creciendo cada año con una fuerza excepcional.

Si tuviera que escoger a una persona para ejemplarizar lo que yo entiendo por inteligencia comercial, no tendría duda: Isak Andic. Estas son sus respuestas al cuestionario.

1. **¿Cuál es el rasgo principal de su carácter?** Autoexigencia, constancia y honestidad.
2. **¿Cuál es su tarea profesional preferida?** Disfrutar comunicándome/reuniéndome con mi equipo.
3. **¿A qué dedica más tiempo cada día?** A tratar las prioridades.
4. **¿Qué cualidad prefiere en un/a director/a?** 50 % buena persona y 50 % buen profesional.
5. **¿Participa en las decisiones comerciales de su empresa?** Sí, en las estratégicas.
6. **¿Cuál sería su felicidad completa como empresario?** Estar en «primera liga» y que esta empresa fuera «eterna».
7. **¿Cuál es su empresario favorito en el mundo? ¿Por qué?** Steve Jobs, por su visión.
8. **¿Cuál es la empresa del mundo que usted admira más? ¿Por qué?** General Electric: por haber dado mucha importancia a sus recursos humanos.
9. **¿Qué consejo daría usted a alguien que empieza su carrera comercial?** Tener las ideas claras, rodearse de un buen equipo, ser honesto, trabajar, trabajar y trabajar.

10. **¿Cuál ha sido el mejor consejo profesional que le han dado en su vida?** No recuerdo, pero los consejos profesionales que más retengo son los que he leído en los libros y los he experimentado en mis vivencias del día a día.
11. **¿Puede reconocer un error importante que haya cometido en su vida profesional?** Varios.
12. **¿Cuál es el mayor error profesional que ha visto cometer a otra persona? (Si no quiere, no mencione su nombre).** Sin respuesta.

Trabajar, trabajar y trabajar. Ser autoexigente y constante.

Un viejo proverbio ruso lo explica maravillosamente: «Rezad, pero seguid remando hasta llegar a la orilla».

Isak Andic dio recientemente una conferencia, en la que amplió las respuestas al cuestionario. Afirmó que este año Mango abriría una nueva tienda por día, incluyendo los sábados y los domingos, y que el año próximo la previsión era abrir quinientas nuevas tiendas. Esto es autoexigencia. Afirmó también que el éxito sin fracaso no existe y que hay que aprender de los errores, ser flexible, estar predispuesto a los cambios, arriesgar, sentir pasión por lo que se hace, preguntarse cada día ¿dónde estamos?, ¿dónde queremos llegar?

¿Se nace con inteligencia comercial o se hace la inteligencia comercial? Honradamente no lo sé. Pero lo que sí sé, y estoy completamente seguro, es que se desarrolla la inteligencia comercial, tanto en los que han nacido con ella como en los que no.

Grandes exponentes de inteligencia comercial

Emilio Botín
Presidente Grupo Santander

Un día, la revista *Actualidad Económica* me entrevistó para hablar de marcas y, concretamente, de la nueva BSCH que había sustituido a Banco Santander Central Hispano. Contesté que me parecía un error tan grande como el que cometería Coca-Cola si comprara Schweppes y la sociedad resultante pasara a llamarse CCS.

Al día siguiente de publicarse la noticia recibí una llamada de Emilio Botín pidiéndome que fuera a visitarle enseguida. A la mañana siguiente tomé el avión y me presenté en su despacho, que entonces estaba en el Paseo de la Castellana. Tenía la revista *Actualidad Económica* abierta por la página de mi entrevista y mi comparación de BSCH con CCS marcada en amarillo.

Me dio la razón enseguida, pero también me dijo que tenía que ser muy respetuoso con el Central Hispano y me pidió que le ayudara. Cómo podríamos saber cuál sería la mejor marca para el banco sin que públicamente se supiera que podríamos cambiar, relativamente pronto, la de las siglas. Le contesté que haciendo intervenir a una universidad para investigar la fuerza de las marcas, no solo de bancos, sino también de automóviles y bebidas, para que nadie pudiera ni tan siquiera sospechar que el trabajo era para Banco Santander.

Me encargó ese trabajo, que realicé personalmente con la ayuda del investigador Jordi Torrents, en la Universidad

Inteligencia comercial

de Barcelona. Se preguntó a clientes del Banco Santander, de otros bancos y cajas, hombres y mujeres de todas las edades y clases sociales, en ciudades grandes, medianas y pequeñas. En definitiva, se investigó exhaustivamente, y cuanto más se preguntaba más nos decía la gente que la mejor marca de bancos en España era Santander.

Estuve viendo a Emilio Botín prácticamente cada semana, en Madrid, en Barcelona, en su avión de Madrid a Santander... siempre solos, él y yo. Nunca he visto a alguien con más pasión por su marca y más preocupación por no dañarla.

Al mismo tiempo que se hacía la investigación, encargué a Carles Graell, el mejor diseñador que conozco, el rediseño de la marca, a sabiendas de que deberíamos estudiar todas las alternativas, siempre con la palabra Santander entera: Banco Santander Central Hispano, Banco Santander CH, Santander Central Hispano, Santander CH... y también las combinaciones de color: rojo del Santander y azul del Central Hispano.

Hicimos 108 logotipos diferentes que Emilio Botín vio y juzgó semana a semana, y finalmente aprobó la marca Santander Central Hispano, pensando que algún día el banco se llamaría solamente Santander, con su color rojo y su antorcha típica en la marca.

Para ello me fui con Paco Luzón, máximo responsable del Santander para Iberoamérica, a Argentina, Brasil y México, donde durante tres semanas vimos a todos los directores, a los que preparamos para la nueva marca.

Grandes exponentes de inteligencia comercial

De Emilio Botín he aprendido mucho, de su capacidad de decisión, de tomar riesgos, evidentemente controlados, de su entrega a un proyecto, de saber crecer no hacia las alturas, sino hacia sus clientes, y de su confianza total en el profesional.

He tenido tratos con muchísimos clientes, pero creo que nunca un trato tan cercano y al mismo tiempo tan profesional como el de Emilio Botín.

Cuando le dije que estaba preparando este libro y le pedí que contestara el cuestionario, me respondió inmediatamente, además de invitarme a tomar parte del consejo del Santander en Cataluña, por lo que le estoy doblemente agradecido.

1. **¿Cuál es el rasgo principal de su carácter?** Pragmático.
2. **¿Cuál es su tarea profesional preferida?** Ver a clientes y accionistas.
3. **¿A qué dedica más tiempo cada día?** A trabajar, pero dejo tiempo para hacer deporte.
4. **¿Qué cualidad prefiere en un/a director/a?** Capacidad de trabajo/constancia.
5. **¿Participa en las decisiones comerciales de su empresa?** En las líneas generales, sí.
6. **¿Cuál sería su felicidad completa como empresario?** Cumplir los objetivos hacia empleados, clientes y accionistas.

Inteligencia comercial

7. **¿Cuál es su empresario favorito en el mundo? ¿Por qué?** Prefiero no dar nombres. Hay muchos y muy buenos en España.
8. **¿Cuál es la empresa del mundo que usted admira más? ¿Por qué?** Prefiero hablar solo de bancos, que es lo que mejor conozco. Hay varios, pero HSBC o JP Morgan Chase son grandes bancos.
9. **¿Qué consejo daría usted a alguien que empieza su carrera comercial?** Que nunca deje de ponerse en el lugar del cliente. Que el cliente es el rey.
10. **¿Cuál es el mejor consejo profesional que le han dado en su vida?** Saber escuchar, tomar decisiones, aprender de los errores y adelantarse/mover ficha el primero.
11. **¿Puede reconocer un error importante que haya cometido en su vida profesional?** Alguna inversión en el inicio de la era de Internet.
12. **¿Cuál es el mayor error profesional que ha visto cometer a otra persona? (Si no quiere, no mencione su nombre).** No tomar decisiones a tiempo ni valorar adecuadamente la estrategia de la competencia.

Grandes exponentes de inteligencia comercial

Peter Brabeck
Presidente del Consejo de Administración de Nestlé

En 1992 acompañé a Peter Brabeck, entonces vicepresidente mundial de Nestlé, a visitar la Expo de Sevilla. Nuestra agencia de Madrid había ganado el concurso para la difusión del acontecimiento a nivel español e internacional, gracias a lo cual tuve la ocasión de conocer muy bien la Expo antes de que se inaugurara, lo que me permitió hacer de anfitrión de alguna personalidad, como Peter Brabeck.

Al cabo de un tiempo Peter asumió otra responsabilidad además de la suya propia, la marca Nestlé, la de la corporación, y pidió a sus cuatro agencias, McCann, J. Walter Thompson, Publicis y Ogilvy, que nominaran una persona para ese proyecto. Ogilvy me escogió a mí.

Esa fue una de las mejores oportunidades de mi vida y no la dejé pasar. Fui una vez al mes a Vevey, en Suiza, donde Peter Brabeck nos reunía a los cuatro durante un día entero para debatir la marca, su posicionamiento, sus valores, sus atributos y su posible campaña corporativa, paraguas de las campañas de cada uno de sus productos, el más reciente de ellos el Nespresso, que se convertiría en un gran éxito mundial.

Ver a Peter Brabeck dirigir las reuniones fue maravilloso: escuchaba, tomaba notas, debatía, preguntaba, todo ello dándonos una confianza que nos hacía sentir parte de la familia Nestlé.

Creo que desde entonces dirijo las reuniones tratando de hacerlo como él, mandando sin mandar.

Inteligencia comercial

Esta es una de las muchas cosas que he aprendido del actual presidente mundial de Nestlé, una de las primeras corporaciones del mundo.

Y estas son sus respuestas al cuestionario:

1. **¿Cuál es el rasgo principal de su carácter?** Tolerancia.
2. **¿Cuál es su tarea profesional preferida?** Gente y estrategia.
3. **¿A qué dedica más tiempo cada día?** Reflexionando sobre cómo asegurar el éxito en un muy largo plazo de nuestra empresa.
4. **¿Qué cualidad prefiere en un/a director/a?** Excelencia en la ejecución.
5. **¿Participa en las decisiones comerciales de su empresa?** Como presidente solo indirectamente. Como CEO, seguro.
6. **¿Cuál sería su felicidad completa como empresario?** Si somos capaces de crear valor a largo plazo tanto para los accionistas como para la sociedad.
7. **¿Cuál es su empresario favorito en el mundo? ¿Por qué?** Maurice Lévy, de Publicis. Ha transformado una agencia de publicidad francesa en un imperio de comunicación líder sin perder sus valores personales.
8. **¿Cuál es la empresa del mundo que usted admira más? ¿Por qué?** Volkswagen, desde un «*car for the people*» camino a convertirse en el fabricante de coches preeminente del mundo basándose en la excelencia técnica.

Grandes exponentes de inteligencia comercial

9. **¿Qué consejo daría usted a alguien que empieza su carrera comercial?** Disfruta de lo que haces y sigue abierto a cualquier contribución positiva, la vida es un aprendizaje continuo.
10. **¿Cuál es el mejor consejo profesional que le han dado en su vida?** Nunca eres tan bueno como dicen los medios pero tampoco tan malo.
11. **¿Puede reconocer un error importante que haya cometido en su vida profesional?** Varios, pero he intentado aprender de ellos.
12. **¿Cuál es el mayor error profesional que ha visto cometer a otra persona? (Si no quiere, no mencione su nombre).** Creer que tendría éxito en el futuro haciendo lo que había hecho bien en el pasado.

Francisco Daurella
Presidente de Cobega

Paco Daurella es de todos los presidentes que he conocido el más polifacético. Preside Cobega S.A., entidad familiar concesionaria de Coca-Cola en Cataluña, Aragón, Baleares y Canarias, y con una participación en Madrid, Portugal y el Norte de España. Además cuenta con una fuerte presencia en África, donde su filial ecuatorial Coca-Cola Bottling Company (ECCBC) opera en doce países del continente, siendo Cobega actualmente una de las entidades concesionarias de Coca-Cola más importantes del mundo.

El grupo familiar también distribuye Nespresso en España y Marruecos con gran éxito.

El periodista Carlos Salas lo llama el iPhone del café y dice que hay dos categorías de mortales: los que beben una cosa negra y los que beben Nespresso. También afirma que tanto Starbucks como Nespresso han dado un giro insólito a un producto que estaba delante de nuestras narices desde hacía cuatro siglos.

Muchas veces el éxito está en el producto, otras en el precio, unas cuantas más en la distribución y finalmente algunas en la promoción y la comunicación.

Nespresso es un producto extraordinario (eso es mérito de Nestlé) con una distribución nueva, en tiendas propias, extraordinaria (eso es mérito del Grupo Cobega). El precio no ha sido un impedimento para el éxito, y la comunicación con George Clooney le ha dado el último empujón.

Grandes exponentes de inteligencia comercial

Por cierto, ¿quién dice que la publicidad con famosos no funciona?

Cuando antes hablaba del Paco Daurella polifacético, no era solo por sus éxitos con Coca-Cola y Nespresso, sino también porque tiene una sensibilidad artística y literaria extraordinaria.

Su Fundación Fran Daurel en el Pueblo Español de Barcelona y la Fundación AMYC en Madrid merecen una detenida visita. Hay pocas colecciones tan interesantes como la suya de arte moderno y contemporáneo de España.

Pero es que además Paco Daurella escribe, bajo seudónimo, unas magníficas novelas, que tengo cariñosamente dedicadas por él.

El día que le pedí que respondiera el cuestionario para este libro, me contestó inmediatamente que sí.

1. **¿Cuál es el rasgo principal de su carácter?** La entereza equilibrada.
2. **¿Cuál es su tarea profesional preferida?** Fomentar el entusiasmo a mis subordinados.
3. **¿A qué dedica más tiempo cada día?** A dormir y a pensar.
4. **¿Qué cualidad prefiere en un/a director/a?** Empuje, honestidad y lealtad.
5. **¿Participa en las decisiones comerciales de su empresa?** Influyo en ellas.
6. **¿Cuál sería su felicidad completa como empresario?** Cumplir los objetivos marcados.

7. **¿Cuál es su empresario favorito en el mundo? ¿Por qué?** Henry Ford (fundador de la compañía Ford Motor Company). Robert Woodruff (máximo exponente de Coca-Cola). Emilio Botín (Grupo Santander). Por su trayectoria bancaria.
8. **¿Cuál es la empresa del mundo que usted admira más? ¿Por qué?** Coca-Cola. Por su carácter universal y por dar satisfacción a todo el mundo calmando la sed de las personas.
9. **¿Qué consejo daría usted a alguien que empieza su carrera comercial?** Mantener siempre un espíritu de acero.
10. **¿Cuál ha sido el mejor consejo profesional que le han dado en su vida?** Leer el libro *Los diez mandamientos para arruinarte (The Ten Commandments for Business Failure)* de Don Keough.
11. **¿Puede reconocer un error importante que haya cometido en su vida profesional?** Dejar pasar una oportunidad magnífica que no se repetirá nunca.
12. **¿Cuál es el mayor error profesional que ha visto cometer a otra persona? (Si no quiere, no mencione su nombre).** Promover y ultimar la unión entre una empresa de calidad y otra en mala situación, y con ello provocar a sabiendas un resultado negativo, para beneficiarse económicamente a corto plazo cobrando una comisión importante.

Grandes exponentes de inteligencia comercial

Shelly Lazarus
Presidenta de Ogilvy & Mather Worldwide

Shelly Lazarus era una joven directiva de cuentas en la oficina de Ogilvy Nueva York cuando la conocí.

El entonces presidente, Kenneth Roman, tuvo una excelente idea: formar un consejo de jóvenes que se reuniría el día antes del consejo de administración de Ogilvy, con el mismo orden del día. Trataría los mismos temas y al día siguiente un portavoz expondría las conclusiones en el consejo de los mayores.

Pues bien, Shelly y yo formamos parte de ese consejo de jóvenes. Ella era la única representante de Nueva York en el mismo y, tal vez por ello, tal vez porque ya nos sedujo desde el primer momento, la elegimos presidenta.

Trabajamos muy bien juntos y llegamos a conclusiones importantísimas, como la de que debíamos comprar J Walter Thompson. Lamentablemente los mayores no nos hicieron caso y al cabo de poco tiempo Martin Sorrell la compraba a través de su pequeña empresa WPP, con lo que iniciaba su extraordinaria andadura por la publicidad, que le ha llevado a ser el primer grupo mundial con más de cien mil personas y una facturación que se sale de cualquier papel.

El consejo de jóvenes duró poco, pero la amistad con Shelly ha durado siempre.

Cuando Martin Sorrell fichó a Charlotte Beers como la primera presidenta de Ogilvy tras ser adquirida por WPP, me llamó a su despacho en Londres. Allí estaba también el presidente de Ogilvy Asia, Rod Wright, un joven y prometedor inglés.

Martín Sorrell nos hizo pasar juntos a su despacho y nos explicó que Charlotte Beers venía de J Walter Thompson, que no conocía la cultura corporativa de Ogilvy, que tenía cincuenta y siete años y que se quería retirar a los sesenta.

Entonces llegó la oferta mayor que los dos habíamos recibido en nuestras vidas: que nos fuéramos a Nueva York, cada uno como vicepresidente, y que a los tres años uno sería el presidente mundial de Ogilvy y el otro presidente internacional, con residencia definitiva en Estados Unidos, ambos cargos de altísima responsabilidad y debidamente remunerados.

No lo dudé ni un segundo. Respondí que no, que alguno de mis hijos ya era demasiado mayor como para seguirme y que, para mí, la proximidad de mi familia era más importante que ninguna otra cosa. Entonces le recomendé a Martín Sorrell que conociera a Shelly Lazarus, que había progresado mucho y que ya era presidenta de Ogilvy Nueva York.

Hizo caso y Shelly ha sido la mejor presidenta que ha tenido Ogilvy desde que tomé contacto con ellos en 1975.

No hace falta decir que he trabajado con ella maravillosamente. Tiene más energía que la central eléctrica de Nueva York. Presenta como los ángeles, oyes su voz desde la última fila, tiene una inteligencia comercial como muy poca gente, explica a los clientes con pocas palabras cómo venderán mucho más, y no se apunta los tantos ella. Escucha a todo el mundo y luego decide. Un crack, o una crack, si políticamente es más correcto.

Grandes exponentes de inteligencia comercial

Palabras de Shelly en su respuesta: «Este cuestionario es extraordinario. Simple, corto, pero te hace pensar».
Veamos las respuestas:

1. **¿Cuál es el rasgo principal de su carácter?** Optimismo y energía.
2. **¿Cuál es su tarea profesional preferida?** Establecer estrategias, motivar a la gente.
3. **¿A qué dedica más tiempo cada día?** Gestión de clientes.
4. **¿Qué cualidad prefiere en un/a director/a?** Pasión, resistencia.
5. **¿Participa en las decisiones comerciales de su empresa?** Sí.
6. **¿Cuál sería su felicidad completa como empresario?** La capacidad de hacer siempre lo que yo creo que es correcto... sin la interferencia de personas estrechas de miras y/o temerosas.
7. **¿Cuál es su empresario favorito en el mundo? ¿Por qué?** Steven Jobs, porque tiene un profundo conocimiento de su marca y hace que viva en todas partes. Warren Buffet, porque obtiene el respeto de todos, tiene los pies en el suelo y simplemente aplica un buen sentido común guiado por buenos valores.
8. **¿Cuál es la empresa del mundo que usted admira más? ¿Por qué?** General Electric por su tamaño, complejidad, la calidad y humildad de su gente y el hecho de que sus productos influyen en las vidas de todos en este mundo.

Inteligencia comercial

9. **¿Qué consejo daría usted a alguien que empieza su carrera comercial?** Encuentre algo que le apasione.
10. **¿Cuál ha sido el mejor consejo profesional que le han dado en su vida?** Concentrarse en las personas y tenerlas siempre en cuenta. Si son excelentes, están motivadas y comprometidas tu proyecto tendrá éxito.
11. **¿Puede recordar un error importante que haya cometido en su vida profesional?** Sí. En demasiadas ocasiones he tardado demasiado en despedir a amigos.
12. **¿Cuál es el mayor error profesional que ha visto cometer a otra persona? (Si no quiere, no mencione su nombre).** No hacer lo audaz por miedo y vacilación.

Grandes exponentes de inteligencia comercial

Ingvar Sviggum
Ex vicepresidente de marketing, ventas y servicios de Ford Europa

El día que ganamos la campaña de Mercedes para España, su presidente nos invitó a cenar. Lo celebramos efusivamente y nos las prometíamos muy felices trabajando juntos.

A las cinco de la mañana el teléfono me despertó. ¿Qué pasaba? Era un periodista de Nueva York que me pedía que le confirmara que habíamos ganado la cuenta de Ford. Le dije que su información era errónea, que la cuenta que habíamos ganado era la de Mercedes. Pero él insistía en decir que era la de Ford y que solo quería que se lo confirmase.

Por descontado no lo hice, pero intrigado por la llamada decidí telefonear a Bill Phillips, entonces presidente de Ogilvy. Era un poco tarde, las once de la noche en Nueva York, pero confiaba en encontrarlo todavía despierto, como así fue. A mi pregunta inquieta me contestó que sí, que Ogilvy había ganado la cuenta de Ford para toda Europa, que se mantuvo todo el proceso en secreto y que la noticia saltaría a los medios a la mañana siguiente.

No me lo podía creer. Acababa de ganar la cuenta de Mercedes y tenía que renunciar a ella porque íbamos a llevar la de Ford en toda Europa.

Ya no pude dormir. A las ocho en punto estaba en el despacho del presidente de Mercedes. Esperé a que llegara y le conté lo que sucedía. Me escuchó y comprendió lo sucedido como solo el presidente de una multinacional sabe hacer. «Hay fuerzas mayores», me dijo, y nos dimos un abrazo de despedida.

Al cabo de unos días, Ingvar Sviggum, el entonces consejero delegado de Ford España, nos invitó a un cóctel-cena para celebrar el inicio de nuestras relaciones. Después de saludarnos amablemente me preguntó, sin perder un minuto:
—¿Qué coche tienes?
—Un Audi 200 Turbo —le contesté.
—¿Y qué modelo has pensado comprarte?
—El que me recomiendes, Ingvar —me oí decir a mí mismo, mientras pensaba: ¡ni tan siquiera me ha preguntado si iba a comprarme un Ford!
—El Ford Scorpio 4x4 Full Equipped.
—De acuerdo —le respondí.

Después de ese Scorpio también le compré un Escort para mi mujer, un Fiesta para mis hijos, un Galaxie de siete puertas para los viajes con la familia, y un Ka para la ciudad y para otro hijo.

Y no le compré más porque lo destinaron a Europa, donde llegó a ser director general de ventas. Qué menos para un extraordinario vendedor. También tengo que decir que hicimos para él campañas que consiguieron resultados excelentes.

Con todo ello nació una amistad entrañable, con él, su mujer y sus hijos, y lo más curioso, acaba de jubilarse y ha viajado a Madrid para despedirse de todos sus directores y de mí. En su cena de despedida el único invitado que no pertenecía a Ford era yo.

Estas son sus respuestas:

Grandes exponentes de inteligencia comercial

1. **¿Cuál es el rasgo principal de su carácter?** Enfocado a resultados, concentrado, abierto.
2. **¿Cuál es su tarea profesional preferida?** Liderar una organización exitosamente y desarrollar a las personas.
3. **¿A qué dedica más tiempo cada día?** Gente, procesos, resultados.
4. **¿Qué cualidad prefiere en un/a director/a?** Honesto, abierto, agresivo (de una manera positiva).
5. **¿Participa en las decisiones comerciales de su empresa?** Cada día.
6. **¿Cuál sería su felicidad completa como empresario?** Tener una organización enfocada, profesional y altamente motivada, que continúa cumpliendo más allá de los objetivos de negocio y cumpliendo una estrategia sostenible a largo plazo, aun siendo ágil y rápida en la adaptación a un entorno de mercado cambiante.
7. **¿Cuál es su empresario favorito en el mundo? ¿Por qué?** Alan Mulally. Líder fantástico, con una visión clara y un creador de equipo fuerte.
8. **¿Cuál es la empresa del mundo que usted admira más? ¿Por qué?** Ford Motor Company. La habilidad de adaptar y modificar la estrategia a *One Ford*, y sobrevivir cuando los principales competidores han pedido ayuda a los contribuyentes.
9. **¿Qué consejo daría usted a alguien que empieza su carrera comercial?** Mantente enfocado, sé abierto y ho-

nesto. Cumple con los compromisos a tiempo con la calidad correcta. Sé bueno con las personas.

10. **¿Cuál ha sido el mejor consejo profesional que le han dado en su vida?** Sé honesto, cumple con los compromisos y no hagas política.
11. **¿Puede reconocer un error importante que haya cometido en su vida profesional?** Sí. En el transcurso de los años he realizado algún nombramiento equivocado que debería haber corregido mucho antes.
12. **¿Cuál es el mayor error profesional que ha visto cometer a otra persona? (Si no quiere, no mencione su nombre).** Lanzar productos que la gente no quiere comprar, con la calidad equivocada.

Grandes exponentes de inteligencia comercial

Kees van der Graaf
Ex presidente de Unilever Europa

Kees van der Graaf ha llegado a ser presidente de Unilever para Europa. Le conocí cuando era director de marketing de Frigo en España y puedo asegurar que tenía una inteligencia comercial extraordinaria y una capacidad creativa no menos buena. Trabajamos juntos en infinidad de proyectos y de campañas y, como todo buen creativo, siempre quería ir más lejos.

Un día le dije que se iba a llevar una sorpresa con nuestra propuesta para un nuevo producto: un helado salado, de queso parmesano, no inventado por nosotros, sino por Ferran Adrià.

Lo llevamos a que lo probara y le ofreció de inmediato un contrato a Ferran, pero el primer cocinero del mundo nos pidió tiempo, y con el tiempo algunas ideas se guardan en el cajón, pero esta me la recuerda Kees cada vez que nos vemos.

Kees es también un extraordinario ser humano, responsable de una fundación de ayuda a personas con discapacidad y es a esto a lo que va a dedicar su tiempo ahora que, joven, se ha retirado.

Estas son sus respuestas:

1. **¿Cuál es el rasgo principal de su carácter?** Humano, asequible, bondadoso, exigente.
2. **¿Cuál es su tarea profesional preferida?** Inspirar a las personas.
3. **¿A qué dedica más tiempo cada día?** A reuniones (desafortunadamente).
4. **¿Qué cualidad prefiere en un/a director/a?** Pasión.
5. **¿Participa en las decisiones comerciales de su empresa?** En mi rol como presidente de Unilever Europa era responsable de todas las decisiones.
6. **¿Cuál sería su felicidad completa como empresario?** Si puedo equilibrar mi vida, mi tiempo, mi esfuerzo, entre las cosas que me importan: mi trabajo, mi familia y la sociedad en la que vivo.
7. **¿Cuál es su empresario favorito en el mundo? ¿Por qué?** No tengo un líder favorito. Admiro las características de distintas personas. En general busco líderes visionarios, con un sentido claro de dirección, a los que les siguen porque saben cómo inspirar. Son carismáticos. Se preocupan y sobre todo son auténticos.
8. **¿Cuál es la empresa del mundo que usted admira más? ¿Por qué?** IKEA, por la manera tan consistente en que aplica su modelo probado de negocio en todo el mundo.
9. **¿Qué consejo daría usted a alguien que empieza su carrera comercial?** Ser valiente, escuchar profundamente y observar cuidadosamente. Estar muy motivado para explorar y controlar siempre tu propia agenda.

10. **¿Cuál ha sido el mejor consejo profesional que le han dado en su vida?** Fue del profesor Prahalad, que me aconsejó establecer objetivos personales muy, muy ambiciosos. Apuntar muy alto. Y luego poner toda la energía y la pasión en ello. Te sorprenderá hasta dónde puedes llegar. Seguro que mucho más lejos de lo que sería si hubieras apuntado más bajo.

11. **¿Puede reconocer un error importante que haya cometido en su vida profesional?** Estoy realmente decepcionado de no haber sido capaz de convencer a los presidentes de Unilever de no vender el negocio de alimentos congelados en el 2007.

12. **¿Cuál es el mayor error profesional que ha visto cometer a otra persona? (Si no quiere, no mencione su nombre).** En el mundo de hoy, diría la serie de equivocaciones cometidas por los banqueros. Considero irresponsable el pago de bonificaciones a los banqueros inversionistas. También me preocupa el plazo corto que domina la toma de decisiones.

	Isak Andic	Emilio Botín	Peter Brabeck
¿Cuál es el rasgo principal de su carácter?	Autoexigencia, constancia y honestidad	Pragmático	Tolerancia
¿Cuál es su tarea profesional preferida?	Disfrutar comunicándome / reuniéndome con mi equipo	Ver a clientes y accionistas	Gente y estrategia
¿A qué dedica más tiempo cada día?	A tratar las prioridades	A trabajar, pero dejo tiempo para hacer deporte	Reflexionando sobre cómo asegurar el éxito en un muy largo plazo de nuestra empresa
¿Qué cualidad prefiere en un/a director/a?	50% buena persona y 50% buen profesional	Capacidad de trabajo/ constancia	Excelencia en la ejecución
¿Participa en las decisiones comerciales de su empresa?	Sí, en las estratégicas	En las líneas generales, sí	Como presidente solo indirectamente. Como CEO, seguro
¿Cuál sería su felicidad completa como empresario?	Estar en «primera liga» y que esta empresa fuera «eterna»	Cumplir los objetivos hacia empleados, clientes y accionistas	Si somos capaces de crear valor a largo plazo tanto para los accionistas como para la sociedad
¿Cuál es su empresario favorito en el mundo? ¿Por qué?	Steve Jobs, por su visión	Prefiero no dar nombres. Hay muchos y muy buenos en España	Maurice Lévy, de Publicis. Ha transformado una agencia de publicidad francesa en un imperio mundial de comunicación líder sin perder sus valores personales

Cuadro. Cuestionario y respuestas

Paco Daurella	Shelly Lazarus	Ingvar Sviggum	Kees van der Graaf
La entereza equilibrada	Optimismo y energía	Enfocado a resultados, concentrado, abierto	Humano, asequible, bondadoso, exigente
Fomentar el entusiasmo a mis subordinados	Establecer estrategias, motivar a la gente	Liderar una organización exitosamente y desarrollar a las personas	Inspirar a las personas
A dormir y a pensar	Gestión de clientes	Gente, procesos, resultados	A reuniones (desafortunadamente)
Empuje, honestidad y lealtad	Pasión, resistencia	Honesto, abierto, agresivo (de una manera positiva)	Pasión
Influyo en ellas	Sí	Cada día	En mi rol como presidente de Unilever Europa era responsable de todas las decisiones
Cumplir los objetivos marcados	La capacidad de hacer siempre lo que yo creo que es correcto... Sin la interferencia de personas estrechas de miras y/o temerosas	Tener una organización enfocada, profesional y altamente motivada, que continúa cumpliendo más allá de los objetivos de negocio, y cumpliendo una estrategia sostenible a largo plazo, aun siendo ágil y rápida en la adaptación a un entorno de mercado cambiante	Si puedo equilibrar mi vida, mi tiempo, mi esfuerzo, entre las cosas que me importan: mi trabajo, mi familia y la sociedad en la que vivo
Henry Ford (Fundador de la Compañía Ford Motor Company). Robert Woodruff (máximo exponente de Coca-Cola). Emilio Botín (Grupo Santander) por su trayectoria bancaria	Steven Jobs, porque tiene un profundo conocimiento de su marca y hace que viva en todas partes. Warren Buffet, porque obtiene el respeto de todos, tiene los pies en el suelo y simplemente aplica un buen sentido común guiado por buenos valores	Alan Mulally. Líder fantástico, con una visión clara y un creador de equipo fuerte	No tengo un líder favorito. Admiro las características de distintas personas. En general busco líderes visionarios, con un sentido claro de dirección, a los que les siguen porque saben cómo inspirar. Son carismáticos. Se preocupan y sobre todo son auténticos

▼

	Isak Andic	Emilio Botín	Peter Brabeck
¿Cuál es la empresa del mundo que usted admira más? ¿Por qué?	General Electric: por haber dado mucha importancia a sus recursos humanos	Prefiero hablar solo de bancos, que es lo que mejor conozco. Hay varios, pero HSBC o JP Morgan Chase son grandes bancos	Volkswagen, desde un «car for the people» camino a convertirse en el fabricante de automóviles preeminente del mundo basándose en la excelencia técnica
¿Qué consejo daría usted a alguien que empieza su carrera comercial?	Tener las ideas claras, rodearse de un buen equipo, ser honesto, trabajar, trabajar y trabajar	Que nunca deje de ponerse en el lugar del cliente. Que el cliente es el rey	Disfruta de lo que haces y sigue abierto a cualquier contribución positiva, la vida es un aprendizaje continuo
¿Cuál ha sido el mejor consejo profesional que le han dado en su vida?	No recuerdo, pero los consejos profesionales que más retengo son los que he leido en los libros y los he experimentado en mis vivencias del día a día	Saber escuchar, tomar decisiones, aprender de los errores y adelantarse/mover ficha el primero	Uno nunca es tan bueno como dicen los medios, pero tampoco tan malo
¿Puede reconocer un error importante que haya cometido en su vida profesional?	Varios	Alguna inversión en el inicio de la era de Internet	Varios, pero he intentado aprender de ellos
¿Cuál es el mayor error profesional que ha visto cometer a otra persona? (Si no quiere, no mencione su nombre)	Sin respuesta	No tomar decisiones a tiempo ni valorar adecuadamente la estrategia de la competencia	Creer que tendría éxito en el futuro haciendo lo que había hecho bien en el pasado

Paco Daurella	Shelly Lazarus	Ingvar Sviggum	Kees van der Graaf
Coca-Cola. Por su carácter universal y dar satisfacción a todo el mundo calmando la sed de las personas	General Electric por su tamaño, complejidad, la calidad y humildad de su gente y el hecho de que sus productos influyen en la vida de todos en este mundo	Ford Motor Company. La habilidad de adaptar y modificar la estrategia a One Ford, y sobrevivir cuando los principales competidores han pedido ayuda a los contribuyentes	IKEA, por la manera tan consistente en que aplica su probado modelo de negocio en todo el mundo
Mantener siempre un espíritu de acero	Encuentre algo que le apasione	Mantente enfocado, sé abierto y honesto. Cumple con los compromisos a tiempo con la calidad correcta. Sé bueno con las personas	Ser valiente, escuchar profundamente y observar cuidadosamente. Estar muy motivado para explorar y controlar siempre tu propia agenda
Leer el libro «Los diez mandamientos para arruinarte» («The Ten Commandments for Business Failure») de Don Keough	Concentrarse en las personas y tenerlas siempre en cuenta. Si son excelentes, están motivadas y comprometidas, tu proyecto tendrá éxito	Sé honesto, cumple con los compromisos y no hagas política	Fue del profesor Prahalad, que me aconsejó establecer objetivos personales muy, muy ambiciosos. Apuntar muy alto. Y luego poner toda la energía y pasión en ello. Te sorprenderá hasta dónde puedes llegar. Seguro que mucho más lejos de lo que sería si hubieras apuntado más bajo
Dejar pasar una oportunidad magnífica que no se repetirá nunca	Sí. En demasiadas ocasiones he tardado demasiado en despedir a amigos	Si. En el transcurso de los años he realizado algún nombramiento equivocado que debería haber corregido mucho antes	Estoy realmente decepcionado de no haber sido capaz de convencer a los presidentes de Unilever de no vender el negocio de alimentos congelados en el 2007
Promover y ultimar la unión entre una empresa de calidad y otra en mala situación, y con ello provocar a sabiendas un resultado negativo, para beneficiarse económicamente a corto plazo cobrando una comisión importante	No hacer lo audaz por miedo y vacilación	Lanzar productos que la gente no quiere comprar, con la calidad equivocada	En el mundo de hoy, diría la serie de equivocaciones cometidas por los banqueros. Considero irresponsable el pago de bonificaciones a los banqueros inversionistas. También me preocupa el plazo corto que domina la toma de decisiones

4. Trabajar en equipo: inteligencia comercial colectiva

Cuando abrí mi agencia de publicidad escribí estas frases:

1. Bassat & Asociados ha de ser el mejor lugar de trabajo para los mejores profesionales de la publicidad y el marketing.
2. Cuando los tengamos, haremos las mejores campañas para los mejores clientes de cada sector.
3. Cuando hagamos las mejores campañas para los mejores clientes de cada sector, ganaremos dinero.

Siempre he creído que lo más importante de una empresa es su gente, luego sus clientes y finalmente el beneficio, que no ha de ser nunca el objetivo de una compañía, sino la consecuencia de hacer bien otra cosa.

Inteligencia comercial

¿Iría usted a un restaurante que dijera que su objetivo es ganar dinero? ¿Pondría usted sus ahorros en un banco que le dijera que su objetivo es ganar dinero? ¿Se fiaría de un médico que le confesara que su objetivo es ganar dinero? ¿No sería mejor un restaurante que le dijera que lo que pretende es conseguir la fidelidad de sus clientes, o un banco que le prometiera que va a trabajar duro para que *usted* gane dinero, o un médico que le asegurase que lo único que le interesa es la salud de sus pacientes? Por cierto, tengo entendido que en algún lugar de Asia se paga al médico cada mes cuando el paciente está sano y se deja de pagar cuando el paciente cae enfermo. ¿No es esta una maravillosa forma de retribución?

También escribí esta otra frase: «Hemos de ser los menos, los mejores y los mejor pagados».

En publicidad un director de contacto con el cliente cobra menos que dos ejecutivos, y no hay comparación entre lo que hace uno y lo que hacen los dos. Un director creativo cobra menos que dos creativos, y lo que puede hacer un director creativo es increíblemente más eficaz. Y así sucesivamente. Por eso decía que prefería menos gente, pero muy buena, que más gente, pero del montón. Como consecuencia de eso, siempre tuve fama de pagar muy bien a mi personal. Tengo que decir que cuando me retiré éramos la primera agencia de España con 650 personas. La segunda en facturación tenía exactamente el doble: 1.300.

Siempre, además, he dejado claro a mi equipo que para mí ellos eran lo más importante, luego nuestros clientes y

Trabajar en equipo: inteligencia comercial colectiva

después nuestros accionistas, que por cierto nunca se pudieron quejar de los resultados que les dimos durante tantos y tantos años.

La inteligencia comercial se desarrolla de muchas maneras. Una de las más importantes es trabajando en equipo. A eso podemos llamarlo inteligencia comercial colectiva. Trabajar en equipo no es fácil. Hace falta un líder reconocido por todos, alguien a quien todo el mundo respete y, si puede ser, que incluso le admiren. Alguien que predique con el ejemplo y que sepa que lo que pide al equipo es posible, aunque tal vez difícil de conseguir. Alguien capaz de motivar más que de mandar. Alguien firme y perseverante en el objetivo, aunque flexible en el camino.

La diferencia entre firme y duro o rígido es que cuando eres firme tienes una convicción, pero escuchas otras opiniones. Cuando eres duro o rígido, esa convicción es el punto final de tu pensamiento. Simplemente no escuchas más y eso suele ser terrible para un líder que, insisto, ha de saber escuchar para luego motivar adecuadamente a su equipo.

Churchill motivaba al ejército inglés con frases como esta: «Nunca, nunca, nunca os rindáis. Es todo lo que tengo que deciros».

Hace bastantes años el creativo responsable de nuestro cliente Marlboro Jeans me vino a ver porque no daba con la gran campaña que buscaba. Escuché todos los caminos que había rastrillado y efectivamente ninguno servía. Entonces se me ocurrió una idea que escribí delante mismo de él. Se entusiasmó y se fue corriendo a pasarla en limpio para presentársela al cliente. Poco después, la agencia inscribió la película en el Festival de Cannes y en la ficha técnica le pusimos a él como creativo. Cuando ganamos el León de Oro de la categoría le pedí que subiera al escenario a recoger el premio. Creo que en ese momento me gané su respeto para siempre.

Las personas que forman el equipo han de tener sentido de pertenencia y compromiso, y poner todo el énfasis no en vencer al otro, sino en vencer con el otro. A eso se le llama «ilusión compartida», dejando fuera los egos personales.

Toyota es lo que es por el millón de ideas que sus trabajadores aportan cada año. La sabiduría colectiva puede ser enormemente rica y eficaz. Un equipo es lo que hace que gente común consiga un resultado extraordinario.

Un equipo no es un grupo. En un equipo metes presión y el equipo se une. En un grupo metes presión y el grupo se separa.

En un equipo, cada persona da más de sí. Cuando uno forma parte de un equipo suele llevar su pensamiento más lejos, suele arriesgar más. En publicidad, la técnica del *brainstorming* o «tormenta de cerebros» consiste precisamente en eso, un grupo que va dando ideas, cada vez más valientes, sabiendo que los demás no van a criticarlas por decir alguna tontería. Muchas de las ideas de nuestra agencia de publicidad han nacido en un *brainstorming*.

Hay cosas que solo se pueden hacer en equipo. Cuando haces *rafting*, bajando en una balsa por las aguas rápidas de un río, si la gente no está muy unida, hay peligro. Cuando

Trabajar en equipo: inteligencia comercial colectiva

todos están bien unidos, entonces hay mucho menos peligro, y es cuando se disfruta.

En Sudáfrica, en el Parque Kruger, los recorridos para ver leones, elefantes, hienas o leopardos se hacen en camiones 4x4 totalmente descubiertos, con ocho, diez o doce plazas. ¿Por qué los animales salvajes no los atacan? Sería sencillísimo. A veces están tan cerca que casi tocan una rueda del camión, les bastaría dar un pequeño salto y llevarse a una persona. Sin embargo, los animales no ven al individuo. Ven un camión, es decir, un animal poderoso que corre, se para y al que no deben atacar porque es mayor que ellos. Eso sí, nadie puede bajar del camión ni tan siquiera ponerse de pie, a riesgo de que entonces la fiera vea a la persona, con lo que podría atacarle con toda facilidad.

Apearse del camión es como dejar de formar parte del equipo. ¿Qué siente un ser humano cuando deja de formar parte de un equipo? A lo largo de los años he visto marcharse a creativos, ejecutivos, directivos, y casi en todos los casos al volverles a ver, lo primero que me han dicho ha sido: «Como en Bassat Ogilvy, en ninguna parte. Aquí yo era parte de un equipo, casi de una familia. Ahora soy simplemente un individuo en una organización». Tal vez por ello, es bueno recordar de vez en cuando a tu equipo que pueden sentir orgullo de hasta dónde han llegado juntos y hasta dónde, juntos, pueden llegar.

En la historia de los equipos de fútbol hay un ejemplo reciente que vale la pena resaltar: el del Fútbol Club Barcelona.

Inteligencia comercial

En el año 2000 el vicepresidente Joan Gaspart me ganó las elecciones gracias a que consiguió que el tercer candidato en discordia, Joan Castells, se uniera a él después de haber asegurado y reasegurado que no se uniría a ninguno de los otros dos. Gaspart me superó en menor número de votos de los que le aportó Castells, pero eso ya es historia pasada. En las siguientes elecciones decidí presentarme con un nuevo director deportivo: Pep Guardiola. Fui a verle a Roma. Nos citamos en un restaurante cerca de la Fontana di Trevi y ahí estuve hablando con él y con su esposa, Cristina, hasta las seis de la tarde. Me contó todo lo que haría si ganábamos las elecciones, que es exactamente lo que hizo cuando lo contrató el club bajo la presidencia de Joan Laporta, quien después de sufrir una moción de censura relevó a Rijkaard al frente de la plantilla y se aferró a Pep Guardiola como a un clavo ardiendo.

No explicaré aquí por qué no gané esas elecciones, pero sí diré que el arte de vencer se aprende en las derrotas, como ya dijo en su día Simón Bolívar. También me parece oportuno recordar que en un debate televisivo Joan Laporta me acusó de no entender de fútbol porque, entre otras cosas, llevaba conmigo a personas sin ningún tipo de experiencia. Una de esas personas era precisamente Pep Guardiola. Recuerdo que contesté que tal vez yo no entendía de fútbol, pero que sí entendía de personas, y que con Pep Guardiola no me equivocaba.

Y no me equivoqué. Pep ha sido, está siendo y será un profesional extraordinario, porque tiene la inteligencia de

Trabajar en equipo: inteligencia comercial colectiva

saber trabajar en equipo. Jamás le he oído culpar a nadie de un mal resultado y, en cambio, siempre atribuye las victorias al equipo, respetando sinceramente al rival. Eso es lo que hace un auténtico líder. Pep es también un líder coherente. Ha hecho en el Fútbol Club Barcelona todo lo que me dijo en Roma que haría si ganábamos las elecciones.

Pep Guardiola es un líder ejemplar. Ya lo era cuando jugaba en el Barça de mediocampista, con el número 4, y lo es ahora como entrenador. Lleva ganados catorce títulos como jugador y ocho como entrenador, incluyendo cinco títulos históricos en la primera temporada entrenando al equipo, 2008/2009, la Champions, la Liga, la Copa del Rey, la Supercopa de Europa y el Mundial de Clubes. ¡Y los que seguirá ganando!

Por otra parte, es un líder que no piensa solo en el presente, sino también en el futuro. Dio confianza a jugadores como Busquets y Pedro, subiéndolos a primera división, y le han respondido con creces, convirtiéndose en titulares indiscutibles del Barça y de la selección española.

Pep además tiene una actitud humilde. Después de sus éxitos iniciales, podría haberla perdido. Pero no. Sigue con esa humildad que le hace ser cada vez más querido.

Decir todo esto ahora no es difícil. Pero es que yo ya lo dije antes de que empezara su trabajo de entrenador con el primer equipo. Reproduzco aquí esas declaraciones mías: «Guardiola es extraordinario. Laporta ha encontrado un escudo fantástico porque él parará muchos ataques contra la Junta. La gente quiere a Pep. Es un hombre tan inteligente

Inteligencia comercial

que sin tener la experiencia de haber entrenado en primera seguro que lo hará muy bien. Estoy convencido de que sabrá rodearse de las personas adecuadas, escuchará a todo el mundo y hará lo que crea conveniente».

También dije el 10 de noviembre de 2009, en Catalunya Ràdio: «Un día Pep será el presidente del Barça. Tiene la calidad para serlo. Igual ahora es demasiado pronto, él aún es demasiado joven, ha de hacer muchas más cosas antes. Estoy seguro de que su carrera será: entrenador, director técnico un día, vicepresidente deportivo otro día y luego presidente. Quizá será el mejor presidente de la historia del Barça».

John Zenger, Joseph Folkman y Scott Edinger, en su libro *El gran líder inspirador,* dicen: «No sugerimos que haya una única fórmula mágica para el liderazgo. Sin embargo, la capacidad de los líderes de inspirar a quienes les rodean es lo que más se acerca a esa solución todopoderosa».

Pep Guardiola ha sabido inspirar a su gente, porque es también un gran comunicador. Ilusiona a la sociedad, a los aficionados y a sus jugadores con respeto, modestia y convicción, lo que demuestra una vez más su inteligencia. Y siempre deja para el final su renovación. Piensa antes en el Barça que en él y eso es, además, inteligencia comercial.

Ya he hablado del liderazgo y ahora querría hacerlo de los miembros del equipo. Habrán observado que digo «miembros» y no «miembros y miembras», como también digo enfermeras y secretarias, aunque cada vez haya más hombres que cumplen estas funciones. Será políticamente correcto, pero a mí me parece un mal uso del lenguaje tener que de-

Trabajar en equipo: inteligencia comercial colectiva

cir que el mejor jamón serrano es de los cerdos y las cerdas de Jabugo, o que el mejor amigo del hombre o la mujer es el perro o la perra.

Dicho esto, permítanme hablar no solo con respeto, sino con admiración, de la participación de las mujeres en equipos de trabajo. Una reciente investigación realizada por el Instituto de Tecnología de Massachusetts y la Universidad Carnegie Mellon de Estados Unidos ha demostrado que las mujeres, cuando trabajan en equipo, actúan de manera más inteligente que los hombres. La inteligencia colectiva de cada grupo depende poco de la inteligencia individual de cada miembro del mismo. Depende más, según publica la revista *Science*, de tres variables: la sensibilidad social de los miembros del grupo, la capacidad de dialogar entre ellos y del número de mujeres que haya. Cuantas más mujeres, más inteligencia colectiva.

Tal vez yo intuí eso cuando empecé a fichar a gente para mi incipiente agencia Bassat & Asociados, y hoy en día en Bassat Ogilvy, especialmente en el departamento de contacto con los clientes, hay muchas más mujeres que hombres.

La inteligencia comercial no distingue sexos, pero parece ser que la inteligencia comercial colectiva sí. Esto puede animar a muchas más mujeres a dedicar su actividad profesional al mundo del comercio. ¡Bienvenidas!

5.
El producto

Siempre he dicho que la mejor inversión publicitaria en un producto es mejorar el producto. Los buenos productos pueden triunfar con una publicidad regular y una gestión comercial justita. En cambio, los productos malos fracasan incluso con buena publicidad y una gestión comercial excelente. Cuando falla el producto, todo falla. Hace ya tiempo encargamos una instalación wifi para nuestra casa de fuera de Barcelona. Todavía hoy no funciona muy bien y la imagen que tengo de la compañía en cuestión está por los suelos, tanto que me he planteado muy seriamente cambiar de compañía.

Un buen producto no tiene por qué ser el líder del mercado, ni el de la marca más famosa. Basta con que sea el que tenga la mejor relación entre su calidad y su precio.

En los inicios de la publicidad, para vender un producto hacía falta recalcar sus diferencias o sus cualidades. Rosser Reeves escribió en su libro *La realidad en publicidad* que era aún mejor escoger una de ellas, la que diferenciaba más efectivamente el producto de los demás, y concentrar la comunicación y la gestión comercial solamente en esa característica. «Colgate, además de limpiarle los dientes, le limpia el aliento.» Y dejar para mejor ocasión hablar de las caries, el sarro, las encías, etc. A eso lo llamó la USP, *Unique Selling Proposition* («única proposición de venta»), que se hizo enormemente popular en todo tipo de empresas. Publicidad informativa, publicidad racional.

Pero con el paso del tiempo y con fuertes inversiones en investigación, los competidores fueron mejorando su producto, acortando distancias y haciendo que las diferencias prácticamente desaparecieran. ¿Qué se podía hacer entonces? Hablar más de la marca que del producto y mostrar en la comunicación todos los atributos emocionales de esa marca y de sus consumidores.

Sin embargo, un tiempo más tarde todas las marcas hablaban de los mismos consumidores: jóvenes de dieciocho a treinta y seis años, que viven en núcleos urbanos y tienen suficiente capacidad adquisitiva. Con lo que las empresas volvían a no diferenciar sus productos y su comunicación, de su competencia.

En estas, llega la revolución de Internet, que se convierte en poco tiempo en el medio favorito de los jóvenes, que pasan navegando más tiempo que viendo la tele y mucho más que leyendo los diarios. Con lo que estamos en pleno regreso a la publicidad racional, la explicación no solo de lo que es el producto, sino también de dónde puede comprarse y a qué precio.

Eso no quiere decir que haya que despojar a las marcas de sus valores emocionales, pero tampoco hay que olvidar las

El producto

características positivas del producto ni, por descontado, su precio, que en épocas de crisis se convierte en uno de los elementos más determinantes para realizar una compra.

Hace un tiempo vino a vernos a nuestra agencia de publicidad un empresario a quien yo no conocía. Empezó a hablar de su producto con bastante entusiasmo y, tras una completa y larga explicación, dio la cifra de su presupuesto, que era mucho dinero. Sin embargo, a mí no me quedaban claras varias cosas de su explicación, y le pregunté si su producto, que decía era casi tan bueno como los de la competencia, podía venderlo más barato. Me contestó que no, que su competencia ya tenía la maquinaria amortizada y que él debía venderlo algo más caro que las marcas ya introducidas en el mercado. Fui entonces más rotundo:

—¿Hemos de vender un producto casi tan bueno como sus competidores, un poquito más caro?

—Sí, exactamente —respondió él.

—¿Qué quiere que les diga a los consumidores para que prefieran un producto un poquito peor que el que ya consumen y un poquito más caro? —le pregunté de nuevo.

—¡Eso lo sabrá usted, que por algo es publicitario!

—Pues, lamentablemente, no lo sé. No sabré cómo vender un producto peor y más caro, por lo que sintiéndolo mucho, no puedo aceptar su encargo.

—Entonces, ¿qué he de hacer yo?

—Solo una de estas dos cosas: mejorar el producto o reducir sus costos y venderlo más barato. Si usted invierte la cantidad de dinero que tenía previsto en su presupuesto publicitario en mejorar el producto, su diseño, su forma de utilización, su envase, su packaging…, dentro de un año sí que me veré capaz de lanzarlo y con éxito. Esta es la mejor recomendación que le puedo hacer.

No volvió al cabo de un año, pero tampoco lanzó ese producto que yo, como consumidor, no habría comprado nunca, y por eso no quise venderlo.

A veces la palabra «comercial» se usa peyorativamente. «¿Qué tal es esta película?» Si respondemos «comercial», querremos decir que tal vez no es muy buena, pero que a la gente le gusta. Si preguntamos qué tal es un determinado artista, pintor o escultor, la respuesta «comercial» es casi denigrante: «Como pintor no es bueno, pero vende», lo que también quiere decir que los compradores o consumidores deben de ser idiotas. Y eso es rotundamente falso. Los consumidores saben cada vez más, están cada vez más informados.

Hace muchos años que voy a los grandes almacenes, a los supermercados, a los hipermercados, y también a las tiendas especializadas, para ver comprar. Para comprender por qué los consumidores compran un producto y no otro. O una marca y no otra. Créanme, no hubiera llegado a hacer en mi vida de publicitario lo que he hecho, si me hubiera limitado a leer informes de institutos de investigación de mercado que supuestamente analizan todo lo relativo al comportamiento del consumidor. Y he leído un montón, lo que me ha permitido aprender mucho de psicología, sociología, comportamiento de las masas, tipologías de consumidores, tribus urbanas y muchas cosas más. Sin embargo, les confieso que

El producto

he aprendido mucho más viendo cómo la gente compra. Escuchando al comprador y al vendedor. Entendiendo lo que uno quiere comprar y lo que el otro quiere vender. Y observo, sin ningún género de dudas, que en los últimos años se está produciendo un cambio fundamental, algo que yo no había visto nunca, un cambio de paradigma, como dirían los filósofos. De un tiempo a esta parte estoy observando que, en muchas ocasiones, el comprador sabe más del producto que quiere comprar que el propio vendedor.

Hasta hace poco, era normal ver cómo los compradores entraban en una tienda, por ejemplo de electrodomésticos, y se acercaban al vendedor para que este les explicara las características de las diversas marcas y modelos de televisores. Les importaba el tamaño de la pantalla, si se veía bien, si el sonido era bueno y si el precio también lo era. Ahora empiezan a entrar compradores queriendo ver el último modelo de una determinada marca.

—Sí, sí, ese que permite ver la televisión en tres dimensiones, como se ve en algunos cines la película *Avatar*.

—¿Usted se refiere a la Alta Definición, verdad?

—No, no, eso del Full Definition ya no es lo último. Lo que yo quiero ver es un aparato en 3D.

—Pues creo que todavía no nos ha llegado —suele ser la respuesta evasiva de muchos vendedores ¡que se supone especializados!

Hace poco, yo mismo me encontré con un vendedor sin información. Un amigo me había comentado que quería comprarse un Smart. Yo acababa de regresar de un viaje a Pa-

Inteligencia comercial

rís, y había visto en la gran exposición que Toyota tiene en los Campos Elíseos el nuevo IQ, tan pequeño como un Smart, pero con tres plazas para adultos y una para un niño. A mi amigo le pareció interesante y me ofrecí a acompañarle al concesionario Toyota más cercano. Pues bien, cuando le dije al vendedor, que nos atendió muy amablemente, que queríamos ver el nuevo Toyota IQ, me contestó: «¿I qué?». Desolador. Le tuve que explicar todo lo que yo sabía de ese coche.

Eso me hace pensar que urge un reciclaje de muchos vendedores, en el conocimiento de todo lo nuevo que está apareciendo y también en la evolución, por no decir revolución, de la acción comercial que se está produciendo y cómo la inteligencia comercial puede ayudarnos.

La inteligencia comercial no es conseguir que te consuman una vez. Es conseguir que repitan y sigan comprando toda su vida.

La inteligencia comercial también puede ayudarnos a decidir cuál es la presentación y la unidad de venta que nos ayudará a vender mejor nuestro producto. No hace mucho las sopas se vendían en sobres para cuatro personas. Ahora se venden en unidades individuales. Y no es solo porque cada vez haya más personas que viven solas, sino también porque, aun viviendo en familia, las costumbres han cambiado. La hora de la cena ya no siempre es la misma para todos, y la sopa que le gusta a la madre no es necesariamente la misma que le gusta al padre o a los hijos.

La presentación ha de entrar por la vista, y no solo en la tienda, sino también en la pantalla de la televisión o en el

El producto

ordenador. Por tanto, cuidado con esas tipografías tan finas, tan pequeñas y tan elegantes, que tanto cuesta leer. Si no hay un vendedor de por medio, lo más inteligente es asegurarse de que la etiqueta se ve y se entiende bien, que explica todo lo que tiene que explicar.

De la misma manera, si el producto lleva un libro de instrucciones, deberíamos asegurarnos de que esté en el idioma del consumidor, bien traducido y con una letra legible. ¿Realmente es necesario que esté también en lituano, búlgaro, rumano, swahili, chino cantonés y en las diferentes versiones de hindú? ¿No sería mejor enviarle al comprador, a su casa, la garantía y un perfecto y claro libro de instrucciones en el idioma que nos pida? Por suerte, semejante derroche de papel es probable que tenga los días contados. Gracias a nuevas herramientas digitales, bastará un simple código en el envase para que el comprador pueda acceder a todo tipo de información relacionada con nuestro producto.

El precio, ya lo hemos dicho, es un elemento importantísimo. ¡Quién me iba a decir que hoy en día una familia con una buena posición económica no tendría ninguna vergüenza en comprar y consumir marcas blancas! ¿Por qué? Sencillamente porque su relación calidad/precio le parece mejor.

Sin embargo, a veces, el precio puede ser también un elemento de discordia entre la marca y el consumidor. Hace un tiempo mi mujer se compró un vestido de Armani en una tienda de Nueva York. Lo llevó muy a gusto allí, y cuando

Inteligencia comercial

regresamos a Barcelona descubrió que en una tienda, justo al lado de nuestra casa, tenían ese mismo vestido en el escaparate a un precio muy inferior. Escribió a Armani Italia y le contestaron que ellos establecen los precios por países. ¡Qué decepción con una marca con la que mi mujer se sentía tan a gusto!

La distribución también es muy importante. ¿Dónde encuentro el producto? Internet ha abierto un nuevo mundo de posibilidades para la distribución. Antes solo se podía exportar y vender en los grandes mercados americanos, europeos o asiáticos, si se tenía una fuerza de ventas en cada país, o al menos una oficina de representación. Hoy, cualquiera puede vender en cualquier país del mundo si se tiene un buen producto, un buen precio y una buena política informativa en la Red. Todo se vende ya a través de Internet: empezaron los libros, la música, los billetes de avión, y hoy el primer vendedor de zapatos del mundo no tiene fábrica ni tiendas. Los vende por Internet. ¡Zapatos!, que se supone que hay que probarlos para saber si van bien. Pues ahora la gente se los prueba en su casa y, si no le van bien, simplemente los devuelve y ya está.

El servicio posventa toma cada vez más importancia, o ninguna. Si compro un coche, quiero estar seguro de que, si alguna vez es necesario, me lo repararán bien, me prestarán otro mientras reparan el mío, y si hace falta, vendrán a buscarlo a mi casa y me lo devolverán arreglado. Eso es exactamente lo que hizo Jaguar cuando se estropeó mi coche justo antes del verano pasado. Como no tenían en aquel

El producto

momento ningún coche de cortesía, alquilaron uno para que durante todo el mes de agosto yo no estuviera sin coche. Los consumidores valoramos muchísimo las marcas que cuidan de esta manera el servicio posventa.

Sin embargo, algunas empresas parecen ignorarlo. Hace algo más de diez años, compramos una cama Swiss Flex en El Corte Inglés. Pagamos una importante cantidad de dinero por el somier, el colchón, excelente por cierto, y el motor para levantar a voluntad la parte alta o baja del somier, que es justamente lo que se acaba de estropear. Hemos llamado a la empresa y, como han pasado diez años, ni tienen motores de recambio ni reparan los estropeados. Entiendo que diez años puedan ser muchos para una lavadora o una secadora, pero ¡para una cama, sinceramente, no!

Por suerte, también hay empresas capaces de crear con su garantía y su servicio posventa una fidelidad extraordinaria, lo cual demuestra una gran inteligencia comercial por su parte.

Las maletas americanas Briggs & Riley son un buen ejemplo. Compramos un juego hace un montón de años. Las hemos usado muchísimo y han sufrido cientos de golpes, sobre todo al cargarlas y descargarlas de los aviones. Un día, al llegar al aeropuerto de Dulles en Washington, donde vive nuestro hijo José Manuel, nos dimos cuenta de que la cremallera de una de ellas se había roto. Al llegar a su casa le dije que, sin falta, antes de regresar a España debía comprar una maleta nueva. Pero él miró la marca de la maleta y me dijo que Briggs & Riley garantiza sus maletas de por vida.

Inteligencia comercial

Buscamos en Internet y vimos que había un lugar donde reparaban esas maletas relativamente cerca. Al día siguiente, sin dar mucho crédito a lo de la garantía de por vida, fuimos allí y, sin tener que dar explicaciones ni enseñar ningún documento de garantía, se quedaron la maleta y al cabo de dos días nos la devolvieron perfectamente arreglada con una cremallera nueva. Al preguntarles qué valía al menos la mano de obra, nos dijeron simplemente: «Nada». ¡No es difícil imaginar de qué marca serán las próximas maletas que compre!

Hay marcas que basan su comunicación en la confianza que proporcionan sus productos, como Volvo. En uno de sus *spots* más famosos, vemos a un padre y una madre esperando a que su hija baje las escaleras de la casa para salir por primera vez de noche con un chico. Llueve torrencialmente cuando el chico llama a la puerta. El padre mira el viejo coche del chico con cara de preocupación. Saca del bolsillo las llaves de su coche y le dice al chico: «Hazme un favor, ¿quieres? Coge mi Volvo».

La globalización también ha cambiado nuestra forma de comprar y la percepción que tenemos de las marcas se ha distorsionado. ¿H&M es española? ¿Misako es japonesa?

Pero lo más sorprendente es lo que le sucedió a un amigo mío que llamó a uno de esos números de teléfono de información cuyas operadoras no se sabe si están aquí, en Marruecos, en la India o en Sudamérica. Pidió el teléfono de El Corte Inglés y la señorita que le atendió le dijo: «¿Me lo puede deletrear?».

El producto

Sin embargo, en este mundo globalizado, las empresas locales ágiles tienen mucho que hacer y mucho que decir.

Heinz Peter Halek dijo en una ocasión: «No es que el pez grande se coma al chico, sino que el más rápido se come al más lento».

Pues bien, hay empresas locales que ya están usando Internet a gran velocidad para vender sus productos directamente a los consumidores, como Naranjas Lola, que te asegura recoger las naranjas del árbol y mandártelas el mismo día para que las puedas comer totalmente frescas. O la iniciativa de más de quinientos agricultores y productores de Cataluña que promueven la compra directa de sus productos, a través de la guía *Compra a Pagès*, que incluye una gran oferta de productos naturales: mermeladas, mieles, productos de la huerta como judías blancas, lechugas de todo tipo, productos lácteos, setas y muchos más.

En este mundo de hoy, el que no corre, vuela, y nosotros no podemos estar parados.

6.
La marca

La construcción de una marca no es fácil, requiere tiempo, esfuerzo y dedicación. Quizá por eso, más de una vez he dicho que las marcas son como catedrales, que se construyen a lo largo de los años, por personas distintas, de diferentes generaciones, con un objetivo común.

Pero, una vez construidas, las marcas son también como las familias, cuyo futuro depende de que sean capaces de ir incorporando nuevos miembros, ya que de lo contrario van envejeciendo y acaban por extinguirse. Si una pareja tiene hijos, y luego nietos, la familia continúa siendo joven. De la misma manera, las marcas que se identifican con un producto han de ser capaces de ir lanzando hermanos, hijos y nietos de ese producto. Así, el consumidor siempre verá joven esa marca.

La marca es ese algo inmaterial que le da al producto un valor añadido. Es lo que el consumidor siente cuando satisface una necesidad con él, cuando lo adopta como algo suyo y le hace un hueco en su vida. Tanto es así que, especialmente aquellas marcas que nos han acompañado en nuestros primeros años de vida, podemos llegar a sentirlas como un rasgo más de nuestra personalidad. Cuando alguien dice: «Yo es que era más de Cola Cao que de Nesquik» o viceversa, lo hace porque cree que es algo que le define, igual que haber sido más de los Beatles que de los Rolling Stones, por ejemplo.

La confianza que depositamos en las marcas nos permite comprar los productos sin preocuparnos de su estado, de su calidad o de su lugar de procedencia, ya que son fácilmente identificables mediante la firma de un fabricante que no solo responde de ellos, sino que además garantiza su constante evolución y mejora. Porque, si hay algo que una marca no puede permitirse, y menos hoy en día, es vivir de renta.

Cuanto más larga es la vida del producto, más hay que cuidar la marca. Por eso es importante saber en todo momento en qué fase de su ciclo vital se encuentra: en la de introducción, en la de crecimiento, en la de madurez o en la de declive.

Siempre se dice que de cada diez productos que se lanzan al mercado nueve no llegan a cumplir el año. Para conseguir que el nuestro sea el que sobreviva, lo primero que hemos de lograr es que el consumidor llegue a probarlo. A partir de ahí, tendremos mucho ganado, ya que si le gusta, no solo repetirá la compra, sino que se lo dirá a todo el mundo. Y cuando digo a todo el mundo, quiero decir exactamente eso. Gracias a las redes sociales, el boca-oreja funciona hoy mejor que nunca. Los consumidores, especialmente los más jóvenes, comparten en la red sus experiencias y sus opiniones acerca de todo tipo de productos, y algunos blogueros y blogueras se convierten sin proponérselo en prescriptores con una gran influencia.

Cuando el producto pasa de la fase de crecimiento a la de madurez, es el momento de empezar a buscarle nuevas salidas. Según de qué producto se trate, podemos plantearnos lanzar una edición especial, proponer nuevos usos o ampliar la gama con nuevas variedades, por ejemplo.

Sin embargo, una muestra de inteligencia comercial es, también, saber reconocer si el producto ha entrado definitivamente en una fase de declive, y elegir el mejor momento para dejar de producirlo. Invertir en otros productos que la empresa posea siempre será más rentable.

Según su relación con el producto, existen distintos tipos de marcas. La marca única que identifica a todos los productos que fabrica la empresa, la marca individual específica para cada uno de ellos, y la marca mixta que combina las dos anteriores, añadiendo al nombre propio de cada producto el apellido de la marca genérica.

Pero además de estos tres tipos de marcas, conocidas como marcas del fabricante, en los últimos años han irrumpido con una fuerza inusitada las llamadas marcas de la distribución.

Su empuje es tal, que en algunos sectores suponen ya un 34 % del consumo. Este auge no es solo debido a una cuestión económica, es también una cuestión de confianza. Las que antes llamábamos marcas blancas han ido adquiriendo cada vez más los colores de los distribuidores que nos las ofrecen. El consumidor confía cada vez más en la calidad de muchos de los productos que El Corte Inglés, Carrefour, Día, Eroski o Mercadona, por citar algunos ejemplos, avalan con su propio nombre y le ofrecen a mejor precio.

En este sentido, los responsables de Lactalis-Nestlé han demostrado tener una gran inteligencia comercial. En un mercado cada vez más competitivo como es el de yogures y postres lácteos, han decidido basar su presencia en España en un mix de marcas de la distribución y marcas propias. Actualmente, el peso de las marcas de la distribución en su volumen de ventas es superior al negocio de sus marcas. Gracias a ello, la empresa sigue creciendo y puede seguir invirtiendo en el desarrollo de sus marcas estratégicas.

Es un hecho. En los sectores de gran consumo las marcas tradicionales pierden mercado, mientras las marcas de la distribución no hacen más que crecer. En España, el último año representaban ya el 40 % en la cesta de la compra de alimentación.

¿Qué puede hacer ante semejante panorama una marca líder? Si quiere seguir siéndolo, tendrá que esforzarse más que nunca no solo en escuchar las necesidades del mercado, sino también en entenderlas y en responder a ellas con una buena dosis de intuición, trabajo, creatividad y paciencia. Es decir, con una buena dosis de inteligencia comercial.

Cuando de lo que se trata es de crear una marca nueva, una de las cosas más importantes que tendremos que hacer además es buscarle un buen nombre. Un nombre que

La marca

sea breve, sencillo, fácil de leer y de pronunciar en cualquier idioma, agradable al oído, vistoso, que nos evoque el mundo del producto, original, moderno, que aporte distinción, fácil de memorizar, que se pueda registrar y, por supuesto, acorde con las características del sector del negocio y del producto en sí. ¡Casi nada!

Siempre he dicho que mi padre tenía una habilidad extraordinaria para inventarse nombres de marcas, pero debo confesar que el día que llegó a casa diciendo que había decidido llamar Filomatic a las nuevas hojas de afeitar que iba a fabricar, no fui capaz de compartir su entusiasmo.

Pero la inteligencia comercial no solo se pone a prueba a la hora de bautizar una marca, sino también, e incluso me atrevería a decir que aún más, a la hora de rebautizarla.

¿Recuerdan ustedes cómo se llamaba Activia de Danone hace unos años? A partir de 2006, la legislación europea prohibió utilizar los apelativos «eco» y «bio» a los productos de alimentación no procedentes de la agricultura ecológica. Así que Bio de Danone no tuvo más remedio que cambiar de nombre. Pero lo hizo siguiendo una estrategia realmente inteligente. Durante los seis meses de transición que permitía la ley, el nombre del producto fue Bio Activia, de manera que cuando la palabra Bio desapareció de los envases, los consumidores ya se habían familiarizado con Activia.

Otras marcas en la misma situación no se complicaron tanto la vida, pasaron de BioCentury a BiCentury, y de BioManán a BiManán, sin mayor problema. BioFrutas de Pascual, en cambio, optó por cambiar totalmente de nombre y se convirtió en Pascual Funciona. Pero no funcionó. Cuatro años después, ha tenido que cambiar nuevamente de nombre. ¿Y saben cómo se llama ahora? Pues sí, efectivamente, ahora se llama BiFrutas de Pascual.

El consumidor no siempre está dispuesto a aceptar que le cambien el nombre de sus marcas favoritas. Por eso, cuando una empresa multinacional compra a otra parte de su negocio, algo cada vez más frecuente en la era de la globalización, a menudo lo más inteligente es mantener intactas sus marcas.

Desde 1980, las galletas Petit Écolier han hecho las delicias de los amantes del chocolate. Cuando la empresa que las había creado, LU, pasó a formar parte del Grupo Danone, pocos consumidores debieron de darse cuenta del cambio, ya que casi nadie se entretiene en leer el dorso de los envases. Sin embargo, un tiempo después fueron adquiridas por otra multinacional, esta vez Kraft Foods. Los nuevos responsables decidieron convertirlas en Milka Choco Biscuit y sustituyeron la figura del pequeño escolar que aparecía en la fina capa de chocolate que recubre la galleta por el logo de Milka.

Sin duda pensaron que eso iba a darle al producto un valor añadido, pero lo que los consumidores sintieron es que esas ya no eran sus galletas. Es significativo que en Facebook se haya creado el grupo «yo-también-echo-de-menos-las-petit-ecolier», o que alguien haya escrito en su blog: «A Petit Écolier le han cambiado el nombre!!!! Ahora pasa a llamarse Milka, por aquello de que ahora el chocolate es de Milka… me han quitado una parte de mi infancia. ZAS!». ¿No creen?

La marca

Cuando una marca forma parte de la historia, de la experiencia y de la vida de las personas, casi siempre lo más inteligente es no cambiarla.

Ahora que hemos entrado de lleno en la era de la globalización, que ya no hay fronteras ni para las empresas ni para sus marcas, es más importante que nunca buscar el equilibrio entre lo global y lo local.

Globalizar una marca no es fácil, por eso las que consiguen introducirse con éxito en todo el mundo son las que destinan más esfuerzos a entender las características de cada país: sus valores culturales, su historia, las connotaciones psicológicas o religiosas que puede tener el producto o el nombre de la marca, etc.

Sin embargo, es cierto que algunos sectores son más fáciles de globalizar que otros. Introducir en distintos países una marca de pantalones vaqueros o de artículos deportivos cuesta menos que introducir productos de alimentación, mucho más arraigados a cada cultura.

Cola Cao es un buen ejemplo de esa dificultad. Hace veinte años abrió su primera fábrica en China y hoy está presente en más de doscientas ciudades de todo el país. Aunque, eso sí, con un nombre un poco diferente. Tras numerosos problemas lingüísticos, en el mercado chino acabó llamándose Gao Le Gao, algo que fonéticamente se le parece y cuyo significado es «alto, alegre, alto». Sin embargo, la mayor dificultad para introducir la marca era que los chinos ni tomaban leche ni tenían por costumbre dársela a sus hijos. Así que, ¿para qué querían ellos un producto como Cola Cao? Pues bien, hoy en los lineales de los supermercados chinos no solo se encuentra Gao Le Gao de cacao, sino también de fresa, de vainilla, de plátano, de naranja y de melocotón, y se ha empezado a comercializar la crema de cacao, equivalente a nuestra Nocilla. Todo un reto, teniendo en cuenta que los chinos ¡tampoco tienen por costumbre comer pan!

Algunas veces, la inteligencia comercial consiste en no esperar resultados inmediatos de un proyecto a largo plazo.

Por otra parte, muchas marcas quieren ser todo para todos, y acaban siendo nada para nadie.

¿Cómo pueden hoy las marcas ganar más credibilidad y más relevancia entre los consumidores? Si miramos marcas con éxito como Nike, Dove o Coke, es obvio que estas marcas no se limitan a dar una promesa de producto, adoptan una postura. Estas marcas están realmente comprometidas con el contenido. Es decir, tienen un punto de vista. Tienen una opinión con la que la gente quiere interactuar. El resultado es que esas marcas no solo han obtenido una nueva relevancia para los consumidores, se afirman en un contexto más amplio, en sociedad. Y eso va bastante más allá de una simple promesa de producto.

7.
Cómo actúa el consumidor

Cuando alguien nos compra por primera vez, siente la imperiosa necesidad de demostrarse a sí mismo que su elección ha sido acertada, que la confianza que ha depositado en nosotros está plenamente justificada. Por eso es fundamental no defraudarla. Si le fallamos la primera vez, lo más probable es que no haya una segunda.

Con todo, el consumidor no suele ser fiel a una sola marca y tiende a elegir entre aquellas que previamente ha seleccionado como dignas de confianza.

En la mayoría de productos de alimentación, por ejemplo, solo un 10 % de los compradores de una determinada marca adquieren exclusivamente esa a lo largo de todo un año. Una investigación de Andrew Ehrenberg, de la London Business School, que así lo demostraba permitió descubrir también que cada consumidor tiene un repertorio propio de marcas intercambiables, y que considera inaceptables las que no figuran en él.

Inteligencia comercial

La inteligencia comercial consiste, por tanto, en hacer todo lo posible para estar presentes en esa restringida lista, intentando subir peldaño a peldaño hasta las primeras posiciones. Y para ello es imprescindible ganar la confianza del consumidor, dándole en cada momento aquello que espera de nosotros.

Si la decisión de compra que ha de tomar comporta cierto riesgo, lo que querrá es que le demos información y argumentos contundentes. El comprador puede sentir que arriesga su dinero cuando compra productos de precio elevado, como automóviles, electrodomésticos o vacaciones, de la misma manera que puede sentir que arriesga su seguridad cuando ha de escoger una herramienta, o la salud de sus hijos cuando ha de confiar en una marca de alimentos infantiles. Cuanto mayor es el riesgo, más probable es que recurra a varias fuentes de información, y es importante que no descuidemos ninguna de ellas.

Sin embargo, ni el tiempo del que dispone ni sus otras ocupaciones le permiten ser absolutamente riguroso y coherente en sus elecciones diarias, así que a menudo encuentra en la fidelidad la seguridad que busca. El instinto conservador hace que, en determinadas compras, se imponga la elección práctica y segura. Una elección que evita riesgos y gana tiempo.

Conocer esta actitud es útil tanto para la marca establecida, que debe concentrar todos sus esfuerzos en reforzar los hábitos de compra, como para la marca nueva, cuyo objetivo ha de ser romperlos.

Cómo actúa el consumidor

Como todos los buenos comerciantes saben, el cliente siempre tiene la razón. Personalmente, no puedo estar más de acuerdo. A lo largo de mis años de profesión he podido comprobar una y mil veces que, más allá de ser una frase hecha, encierra una gran verdad: el consumidor tiene siempre el poder último de decisión. Por mucho que nosotros digamos, él es siempre quien tiene la última palabra.

Pero, antes de que la pronuncie, cientos de actitudes y comportamientos pueden influir en él, condicionando su decisión última de compra. Por tanto, si lo que queremos es vender, es imprescindible no solo saber quién es nuestro comprador, sino sobre todo cómo actúa. La información es poder. Otra frase hecha y otra gran verdad.

Saber, por ejemplo, qué es la *short list*, o «lista restringida» a la que me he referido antes, ayuda a entender mejor cómo se toman las decisiones de compra. Hablamos de *short list* para referirnos a la relación mental de marcas que primero nos vienen a la cabeza como «preferibles», «fiables» o «mejores», cuando nos disponemos a comprar un determinado producto que necesitamos. Sería algo así como la lista de preseleccionados para un partido. Puede que aun estando en ella acabemos en el banquillo, pero lo que es seguro es que si no estamos no vamos a jugar. Acceder, pues, a ese ranking particular y, si es posible a la primera posición, es un objetivo prioritario.

Cuando una persona compra algo es porque su seguridad en lo que compra es mayor que el miedo a equivocarse. Lo cierto es que siempre que compramos algo nuevo tenemos ese miedo, un miedo que nos llena de dudas y muchas veces hace que al final acabemos por no comprar nada.

En Estados Unidos, Sears encontró las palabras mágicas: «Satisfacción garantizada o te devolvemos tu dinero». Un compromiso que más tarde adoptó con gran éxito El Corte Inglés en España, y al que también se han sumado las grandes cadenas de moda, como Zara y todas las del grupo Inditex, Mango, H&M y tantas otras.

Comprar en cualquiera de sus tiendas, incluso *online*, no da ningún miedo. Si uno se equivoca al comprar una prenda, nadie le obliga a cambiarla por otra. Puede devolverla y recuperar su dinero, sin tener que dar explicaciones a nadie.

Haber roto ese freno es, sin duda, una muestra de inteligencia comercial. Solo hay que fijarse en las colas ante las cajas un sábado por la tarde, para darse cuenta de que la mayoría de sus clientes acaban llevándose a casa más artículos de los que pensaban comprar.

Aunque también es verdad que, a menudo, las dudas son proporcionales al precio. Hay muchos productos, como corbatas, flores o relojes Swatch, para los que no buscamos una especial garantía. Si la corbata no hace un nudo perfecto, o las flores se marchitan pronto, o el reloj Swatch se estropea, cosa que no suele suceder, lo más barato en tiempo y dinero es comprarse otra corbata, otras flores o ¡un modelo más moderno de Swatch!

Pero ¿qué es lo que nos motiva a comprar?

Generalmente, lo que nos mueve a la acción de comprar no es tanto el razonamiento como el deseo.

Cómo actúa el consumidor

Por supuesto, a nadie se le ocurriría emplear su tiempo y su dinero en hacer deseable un paraguas agujereado, ya que, por muy creativo que resultase, incumpliría su función esencial que es proteger de la lluvia. Pero, como muy bien supo ver Ogilvy en su día, junto a las ventajas racionales, existen otros dos tipos de ventajas, tanto o más importantes para motivar al consumidor: las sensoriales y las emocionales.

Las motivaciones existen desde que existe el hombre, pero han ido evolucionando y se han ido sofisticando a medida que los esquemas sociales de relación se han ido modificando. Hoy, ya no solo es importante saber si un producto cumplirá o no nuestras expectativas, sino también cómo nos sentiremos y qué pensará la gente de nosotros por haber escogido una determinada marca y no otra.

Conocer y profundizar en los distintos tipos de motivaciones nos ayudará a ser más persuasivos, convirtiendo los posibles frenos en impulsos. Algo que, como cualquier buen judoca sabe, siempre es mucho más eficaz que intentar reducirlos.

Es importante tener en cuenta que, aunque coloquialmente ambos términos suelen utilizarse como sinónimos, consumidor y comprador no siempre coinciden. Por comprador entendemos toda persona o colectivo con un interés latente en un producto o servicio, que disponga de los medios necesarios para adquirirlo. Y es su confianza la que debemos ganarnos. Algo que difícilmente conseguiremos si no le conocemos a fondo, si no sabemos quién es, para qué

Inteligencia comercial

y para quién compra, dónde, cómo, cuándo, cuánto y, sobre todo, por qué.

Cada una de estas preguntas requiere una respuesta detallada. El marketing y la investigación pueden ayudarnos a contestarlas, determinando el *target group* al que debemos dirigirnos, segmentando al comprador por criterios geográficos, demográficos, socioeconómicos, psicológicos o de comportamiento, estableciendo cuáles son sus motivaciones o averiguando cómo funciona el proceso de compra.

Pero, finalmente, por más exhaustivo que haya sido el estudio de nuestro comprador, siempre tendremos que emplear nuestra inteligencia comercial para aplicar las conclusiones. Porque el consumidor ya no es el que era. Ahora los consumidores han tomado el control. Les molesta la publicidad cada vez más. El *zapping* no para.

Ralph Poser, director de planificación en Ogilvy, hace la siguiente analogía: «Se acabó el tratar a los consumidores como perros. ¡Siéntate, busca, compra! Los consumidores no se dejan domesticar. No reaccionan automáticamente cuando se les llama. Se comportan más como gatos. Ellos deciden a quién y qué verán o escucharán, el cómo y el cuándo. Las películas en la televisión ya no tienen que empezar a las 22.00. El consumidor moderno ha convertido el *primetime* en *mytime*, que además ve donde quiere porque no solo los datos son móviles, también nosotros. Dónde estamos es irrelevante. No existen barreras entre el hogar y el trabajo, y con la nueva portabilidad, los límites horarios dejan de existir. El consumidor moderno quiere tener la pa-

Cómo actúa el consumidor

labra, compartir su punto de vista con los demás. Gracias a Internet, el boca-oreja ha cobrado una gran importancia y los líderes de opinión, llamados "Alfas", también. Los consumidores modernos buscan autenticidad. Nunca ha habido tanta desconfianza en las afirmaciones publicitarias que prometen la luna. Se hace mucho más caso a la recomendación de un amigo. La batalla por conseguir la atención de la audiencia, o sea la conciencia, está siendo reemplazada por la era de la reputación de la marca, es decir, la confianza. Son los consumidores modernos los que deciden cuándo quieren comunicarse con nosotros y dónde. Se comportan más como gatos que como perros».

8.
La comunicación

Hubo un tiempo en el que todos los telespectadores se sentaban frente a la pantalla del televisor a la misma hora y veían el mismo programa ¡y los mismos anuncios! Por aquel entonces, solo existía una cadena de televisión y el mando a distancia aún no se había inventado, así que con un buen presupuesto era fácil impactar al público, objetivo o no, una y otra vez. Todo el mundo sabía que Soberano era cosa de hombres y que Filomatic ¡daba un gustirrinín…!

Pero todo eso ya es historia. No solo porque la actual oferta de canales hace que la fragmentación de las audiencias sea cada vez mayor, sino también porque la televisión está dejando de ser lo que era: el medio rey.

Mi amigo Delle Krause, director creativo de Ogilvy Frankfurt, ha sabido explicarlo muy bien: «El proceso de comunicación está patas arriba. Antes, el mensaje de marca se introducía en el cerebro de forma unidimensional, básicamente a través de medios masivos. La tarea de la industria de la comunicación era idear historias coherentes con

Inteligencia comercial

un único objetivo: el receptor tenía que aprender algo sobre la marca o el producto. Se celebraba a lo grande cuando la investigación de mercado demostraba que el receptor había comprendido el mensaje. En aquellos tiempos, las agencias de publicidad se promocionaban alegremente declarando su habilidad para desglosar los beneficios del producto de una manera más creativa y ser mejores "captadores de atención". El sueño se acabó. Hoy la situación es cada vez más la inversa. Hoy la comunicación con éxito es algo a lo que el consumidor quiere acceder. Interés, relevancia, atracción. Hoy se trata del desarrollo de relaciones emocionales interactivas. Hoy las palabras "participación" y "activación" son obligadas. Simplemente aprender algo sobre la marca ya no es suficiente. Hoy los mensajes de marca necesitan generar suficiente entusiasmo para que la gente quiera hablar de ellas».

Dicho de otra manera, el consumidor ya no es un receptor pasivo de nuestros mensajes. Ahora es él quien decide lo que quiere ver y dónde quiere verlo. Y, cada vez más, quiere verlo a través de los medios digitales. Por tanto, ya no se trata de captar su atención para que nos escuche, sino de conseguir ser lo suficientemente interesantes como para que piense o, mejor aún, sienta que vale la pena interactuar con nosotros. Todo ello hace que cada vez se requiera una mayor inteligencia comercial para rentabilizar las inversiones en comunicación.

La publicidad es sin duda una excelente herramienta para ayudar a vender más, productos, servicios e ideas de todo tipo. Sin embargo, para ser realmente eficaz ha de gustar, ha de ser publicidad que el consumidor quiera ver, que incluso

La comunicación

sea él quien la busque, porque le hace sonreír, le emociona, le hace sentirse mejor persona y le deja la misma sensación que se tiene después de haber visto una buena película o de haber leído un buen libro.

Naturalmente, no es fácil. Se requiere olfato, sentido común y una buena dosis de creatividad, algo que difícilmente se consigue siguiendo al pie de la letra los resultados de los estudios de mercado. Como he dicho en más de una ocasión, ¿se imaginan qué hubiera pasado si se hubiera investigado la posible aceptación de la pintura cubista de Picasso en su época azul?

Para una pequeña empresa, dedicar más tiempo y más recursos a la creatividad publicitaria que a su propia difusión suele ser, en la mayoría de los casos, la estrategia más inteligente. Eso quiere decir utilizar medios alternativos, no necesariamente la televisión en hora punta, y quiere decir también cambiar de medio frecuentemente sin dar tiempo a los grandes competidores a que arrasen en esos medios. Siempre he creído que la inteligencia en las empresas no se mide por su tamaño, sino por su valentía, por su determinación y por su capacidad de decidir acertada y rápidamente.

Y si la publicidad que más gusta es la que más vende, lo mismo se puede decir de las promociones, del marketing directo, de la imagen corporativa y de las relaciones públicas. Todas estas disciplinas forman parte de un todo y lo inteligente es hacer que todas trabajen en la misma dirección. Dicho de otra manera, de lo que se trata es de sumar esfuerzos, no de dividir presupuestos.

Inteligencia comercial

Si yo le recomiendo a un amigo ver la última película de Woody Allen, y al día siguiente vuelvo a recomendárselo y al tercer día otra vez, al final me enviará a hacer gárgaras. Pero si yo se la recomiendo, y por la noche su mujer le dice que una amiga suya la ha visto y le ha encantado, y al día siguiente, en el despacho, un compañero de trabajo le cuenta que la vio la noche anterior y le entusiasmó, ¿qué creen que hará mi amigo? Pues comprar las entradas e ir a verla.

En el primer caso, yo se la recomiendo tres veces y el resultado es nulo. En el segundo, también recibe tres recomendaciones, y compra.

Esto es lo mismo que usar todo el dinero en una única disciplina de comunicación y un único medio para convencer a millones de personas, cuando lo efectivo es usar diferentes disciplinas de la comunicación y diferentes medios. Sin olvidar que el lugar con más personas del mundo ya no es China, ¡es Google!

Las promociones buscan activar las ventas de forma inmediata, ofreciendo al consumidor algún incentivo. Muestras, cupones, descuentos directos, más cantidad de producto, regalos, puntos, sorteos y concursos, suelen ser los más usuales. Ahora bien, de lo que se trata es de conseguir que la promoción refuerce la personalidad de la marca y ayude a fidelizar al cliente. Si solo usamos las promociones como rutina de venta forzosa para salir de los baches económicos, estaremos gastando el dinero en lugar de invertirlo.

Para que una promoción tenga éxito, hay que dejar de pensar en el simple objeto promocional y empezar a pen-

La comunicación

sar en la idea promocional. Hay que pensar quién puede influir en el resultado de ventas y cómo. Hay que pensar en el consumidor, pero también en la red de ventas y en el canal. Pero además, hay que tener en cuenta que, por muy bien que hayamos elegido el incentivo, sin una buena comunicación, la promoción no funciona.

El marketing directo, por su parte, llamado hoy en día «marketing relacional» o *one to one*, consiste en establecer un diálogo entre la empresa y cada uno de sus consumidores, a los que se les puede tratar personalmente, mencionando en un comunicado el nombre y apellido, su dirección o características personales. Así, por ejemplo, si yo recibo una carta en la que alguien me dice que ha abierto un restaurante en Sant Andreu de Llavaneres y que le gustaría que fuese a conocerlo porque está seguro de que disfrutaré de una calidad gastronómica excepcional, a un precio razonable, que puede ser aún menor si prefiero que me sirvan la comida a domicilio, es más que probable que vaya a ese restaurante. Ciertamente me puede interesar conocer un lugar nuevo donde paso los fines de semana, sobre todo si ese restaurante puede servirme comidas en mi propia casa los días en que justo puede apetecernos menos cocinar. Esa misma comunicación, a través de un canal de televisión, incluso local, no sería lo mismo. Seguramente, a mí ese mensaje me pasaría desapercibido.

La imagen corporativa de una empresa es también parte importante de su comunicación. A menudo, los términos «identidad corporativa», «imagen corporativa» y «comunicación corporativa» se confunden. Sin embargo, cada uno tiene su propio significado. La identidad corporativa es el conjunto de valores, creencias y maneras de actuar que marcan el comportamiento de una organización, mientras que la imagen corporativa es la percepción que el público tiene de esa identidad. La comunicación corporativa, a su vez, es aquella que contribuye a convertir la identidad de una empresa en su imagen pública.

Y en eso, las relaciones públicas tienen mucho que ver. Llamadas hoy «comunicación» en su sentido más amplio, las relaciones públicas ayudan a crear un estado de opinión favorable, generando toda suerte de noticias alrededor de una persona, empresa o institución.

Yo mismo utilicé esta técnica cuando lancé mi primer libro, *El Libro Rojo de la Publicidad*. Obviamente era una noticia que el presidente y director creativo de Bassat Ogilvy escribiera un libro de publicidad donde explicaba sus secretos con generosa prodigalidad, como decía David Ogilvy en el prólogo. Pues bien, si la repercusión mediática del lanzamiento de un libro normal en aquella época equivalía, como máximo, a una difusión de tres millones de pesetas, la de este alcanzó casi los doscientos millones, sin que a nosotros nos costara nada. Eso sí, tuve que dedicar bastantes días a entrevistas que me solicitaron en prácticamente todas las cadenas de televisión, radio y la mayor parte de los periódicos. Hoy en día *El Libro Rojo de la Publicidad* va ya por su vigésima edición y ha batido el récord absoluto de ventas de los libros de publicidad en nuestro país, tanto de autores nacionales como internacionales.

La comunicación

Con ello, no quiero decir que cada presidente de una compañía tenga que escribir un libro acerca de su tema, pero hay mil formas de aparecer en los medios de comunicación si se confía en los mejores profesionales del sector.

Especialmente importante es el papel de las relaciones públicas cuando de lo que se trata es de comunicar malas noticias. En este caso, lo más inteligente es ir siempre con la verdad por delante. Podemos esperar que nuestros empleados, nuestros proveedores, nuestros clientes, nuestros consumidores, nuestros accionistas y el público en general sean comprensivos con nosotros si les decimos que tenemos un problema y les explicamos qué pensamos hacer para solucionarlo. Pero no podemos esperar que lo sean si les mentimos. Si perdemos su confianza, lo habremos perdido todo y tendremos que volver a empezar de cero, lo que sin duda será un problema mucho mayor.

La creciente utilización de las redes sociales, convertidas hoy en un extraordinario medio de comunicación, abre todo un mundo de posibilidades para el desarrollo de nuevas estrategias.

La campaña que llevó a Barack Obama a la Casa Blanca es un excelente ejemplo. Por primera vez, un candidato presidencial supo aprovechar la fuerza de Internet en su favor. Empezó utilizando las redes sociales para recaudar fondos a través de pequeñas aportaciones, que podían hacerse con un simple pago *online*. Y lo hizo mucho antes de que sus rivales empezasen a recibir donaciones de las grandes fortunas, que hasta entonces era lo habitual.

Gracias a esa estrategia, Obama consiguió mucho más que dinero. Consiguió una valiosísima base de datos y una legión de diez mil voluntarios dispuestos a seguir recaudando fondos y a difundir sus mensajes de forma viral. Su página web personal durante la campaña, actualizada constantemente, fue también un prodigio de eficacia. Y no digamos su eslogan. Su *«Yes, We Can»* forma ya parte de la historia de la comunicación.

Aunque, sin duda, otra de las grandes claves de su éxito hay que buscarla en el hecho de que Barack Obama es un gran orador. En sus discursos de campaña supo transmitir confianza y eso hizo que millones de estadounidenses, fueran o no afroamericanos, creyesen en él e hiciesen realidad algo que difícilmente podría haber superado el terreno de la ficción.

Hablar en público, ya sea para dar una conferencia o para hacer una presentación, es algo que pone nerviosas a muchas personas. Sin embargo, no es tan difícil. Basta con tener dos cosas claras. Una, que solo si hablamos de aquello que nos importa lograremos que a la gente le importe aquello que digamos. Otra, que la comunicación verbal ha de ser mucho más simple, sencilla y directa que la comunicación escrita. Quien pretenda captar la atención de la audiencia leyendo aquello que previamente ha escrito es poco probable que lo consiga.

Por último, también es importante prestar atención a la comunicación no verbal ya que, si lo que decimos con nuestras palabras entra en contradicción con lo que expresan

La comunicación

nuestros gestos o nuestra mirada, lo más fácil es que nuestro interlocutor llegue de forma intuitiva a la conclusión de que no puede fiarse de nosotros.

Como decía Dale Carnegie: «El hombre cuya cara no sonríe no debe abrir una tienda».

9.
Inteligencia comercial en tiempos de crisis

«Si continúas diciendo que las cosas van a ir mal, tienes muchas posibilidades de ser un profeta.»

ISAAC BASHEVIS SINGER,
premio Nobel de Literatura

Ya se sabe que para curar una enfermedad o resolver un problema lo primero que hay que hacer es conocerlo, identificarlo, ser conscientes de que se tiene, y después buscar las diferentes soluciones posibles para escoger la mejor de todas. Lo malo de nuestra crisis es que hemos tardado mucho en reconocerla, identificarla y aceptarla. Pero en fin, ahora ya no tenemos este problema. Tenemos otro bien claro y definido: solucionarla.

¿Cómo solucionamos la crisis del petróleo en el año 1973 y la crisis posolímpica en el año 1993? Tengo más presente lo que hice en 1993 que lo que hicimos veinte años atrás.

Inteligencia comercial

Por eso, hablaré principalmente de lo que recuerdo mejor. Recibí un memorándum de nuestra central en Londres en el que, después de largas consideraciones acerca de la crisis y de lo terribles que eran los gastos fijos, me sugerían despedir a cuarenta personas. Y eso no lo quise aceptar. Para mí, el personal de una agencia de publicidad más que un gasto fijo es el activo de la compañía y el despedirlo implica, clarísimamente, reducir ese activo. Recuerdo que solo despedí a mi chófer, que había contratado antes de los Juegos Olímpicos justamente para poderme mover con más ligereza y más rapidez, y esta fue la única persona de la que prescindí. Tengo que decir también que hablé con todo mi equipo y que todos estuvieron dispuestos a congelar su sueldo. Aquel año ganamos prácticamente todos los concursos a los que nos presentamos y, a pesar de la crisis, hicimos un gran resultado económico.

No digo que ahora se tenga que hacer lo mismo, pero permítanme contarles una historia. Se dice de un famoso bar de carretera que rebosaba de éxito. El dueño decidió enviar a su hijo a estudiar a Estados Unidos. Cuando el chico volvió, avisó a su padre de que en la Universidad le habían dicho que debían prepararse para la crisis. El joven recomendó a su padre sustituir el excelente jamón de jabugo que ponían en los bocadillos de la mañana por un jamón del país, para abaratar costos. Unos días después empezaron a mezclar el café con achicoria. A continuación despidieron a una parte del personal. Al cabo de una semana decidieron apagar el letrero luminoso que se veía perfectamente bien desde la carretera, para ahorrar energía eléctrica. Poco a poco la concurrencia fue reduciéndose, hasta que un día nadie entró en el bar. Entonces el padre le dijo al hijo: «Menos mal que fuiste a Estados Unidos y me avisaste, porque la crisis realmente ha venido».

Muchas veces son nuestras decisiones las que nos precipitan a crisis imparables. Son nuestros temores los que nos llevan por el camino equivocado. Son los estudios macroeconómicos los que nos hacen tomar decisiones microeconómicas que poco o nada tienen que ver.

Henry Ford dijo una vez: «La mayoría de las personas gastan más energía en hablar de los problemas que en abordarlos».

No digo que no tengamos que hacer caso de lo que estamos viendo, pero pienso que según sea nuestra actitud podemos salir bien parados de esta crisis o acrecentarla todavía más.

Yo solo sé una fórmula para combatir cualquier crisis: trabajar más. Trabajar más inteligentemente, controlar nuestros gastos, pero también asegurar nuestros ingresos, y seguir adelante, porque muchas veces, como les sucede a los pájaros, dejar de aletear significa caer. Es el momento de hacer las cosas mejor que como las hemos hecho hasta ahora. Es el momento de que nuestra acción comercial y nuestra publicidad sean más efectivas. Es el momento de que nuestros controles de calidad sean más estrictos. De esta crisis algunos saldrán malparados, pero otros pueden salir fortalecidos, y nosotros hemos de ser de este último grupo.

Inteligencia comercial

No olvidemos que la crisis en España empezó en el sector inmobiliario.
La vivienda suele ser la compra más importante que hace una familia en toda su vida. Hasta ahora se han vendido muchos cientos de miles de pisos y casas, sin utilizar las más elementales herramientas del marketing y de la comunicación. Pero de repente todo se ha parado. Para unos ha explotado la burbuja inmobiliaria, para otros estamos en una desaceleración de la economía, pero para la mayoría esto es una auténtica crisis del sector inmobiliario que está afectando a todos los demás.
Y es ahora, en los momentos difíciles, cuando se verá el talento de los empresarios del sector.
Lo fácil es bajar los precios. De hecho, es lo que está empezando a suceder. Sin embargo, bajar el precio de un producto suele ser la peor de todas las soluciones del marketing. Además, bajar el precio tiene un límite. La mayoría, por no decir todos los pisos y casas en venta, están hipotecados y en muchos casos la hipoteca es superior a lo que hoy vale la propia vivienda. Por tanto, bajar los precios implicaría que el vendedor tendría encima que darle algo de dinero al comprador que se hiciera cargo de la hipoteca.
En cualquier otro sector, los productos han evolucionado o cambiado radicalmente en los últimos diez años: los coches, la segunda compra más cara que uno hace en su vida, los ordenadores, los teléfonos, y tantas y tantas cosas más.
Lo curioso es que la tecnología, que tanto ha ayudado al desarrollo de productos, apenas está presente en los pisos

y casas en venta. Si hoy en día nos cambiamos de coche es porque el nuevo tiene ordenador de a bordo, aviso de ayuda para aparcar, navegador por satélite, y otros adelantos tecnológicos. ¿Por qué esa tecnología que tanto ha avanzado no se aplica en los pisos? Es cierto que ha habido tímidos intentos de incorporar la domótica. Sin embargo, sin demasiado entusiasmo porque, al fin y al cabo, los pisos se vendían mucho antes de acabarse el edificio.

Todo es importante: la calefacción o el aire acondicionado, la insonorización, el aislamiento térmico, la seguridad, los baños, la cocina, los electrodomésticos... y la presentación del piso. En Londres, el piso muestra de cualquier promoción inmobiliaria se presenta totalmente acabado y amueblado. Con focos, lámparas, cortinas y un sinfín de detalles que entran por los ojos y mueven la decisión de compra. En Nueva York, la Trump Tower, un increíble rascacielos con vistas al Central Park, se vendía, cuando aún no se había comenzado a construir, mostrando fotografías de las vistas desde cada ventana de cada piso.

Pero eso es solo el producto y su presentación. Hay muchas otras cosas que hacer en el ámbito de la comunicación. Desde la valla que cierra la obra a la lona que cubre la estructura, pasando por una presencia mucho mejor en los medios tradicionales: prensa, radio y televisión, así como el uso de las nuevas tecnologías, especialmente Internet.

Lo fácil es poner un anuncio en prensa y repetirlo hasta la saciedad, pero ¿es eso efectivo hoy? Personalmente creo que es contraproducente. Denota que aquello no se vende, y cuanto más se insiste con el mismo mensaje, peor. La prensa se ha de usar de otra manera. No basta una foto más o menos bonita y una frase más o menos acertada. La prensa tiene una capacidad de vender mucho mayor si se argumenta adecuadamente y se ilusiona al mismo tiempo.

Y no digamos la televisión o Internet, donde el consumidor recibe el mensaje por la vista y también el oído. Recordamos el 20 % de lo que oímos, el 40 % de lo que vemos, el 60 % de lo que oímos y vemos al mismo tiempo, y el 80 % de lo que hacemos. Por eso Internet llega más que los demás medios, porque navegamos nosotros, a nuestro ritmo y a nuestra voluntad.

Y luego está la marca. ¡Cuándo se darán cuenta las empresas inmobiliarias de que la marca añade valor al producto!

De esta crisis saldremos, unos mejor que otros, pero saldremos, y para volver a tener éxito ya no bastará con acertar en la compra del terreno. Habrá que innovar en el producto, saberlo presentar mejor, saber comunicarlo mejor y venderlo con la garantía de una gran marca.

Como dice un proverbio chino: «Si un hombre planta melones, recogerá melones; si siembra judías, recogerá judías».

De la misma forma que Alemania superó la crisis tras su derrota en la Segunda Guerra Mundial trabajando más, construyendo autopistas, creando puestos de trabajo y haciendo girar así la rueda de la economía, creo que todo país, y el nuestro también, debe aprovechar las oportunidades a su alcance para combatir su crisis económica y favorecer el progreso de sus ciudadanos.

Inteligencia comercial en tiempos de crisis

Ahora que los indicadores nos alertan de un menor crecimiento económico, es el momento de dar un paso adelante e igualarnos a los países más desarrollados. En la mayor parte de las ciudades del mundo que conozco, y conozco muchas, las tiendas no cierran ningún día de la semana. Los domingos mantienen una actividad diferente, con clientes diferentes, los que no pueden o no les va bien comprar durante la semana, que cada vez son más. Y no solo los hombres, sino también las mujeres, que desde que se han incorporado al mercado laboral han de compaginar su trabajo con la compra diaria, la semanal, o la esporádica.

Los domingos las tiendas se llenan de familias enteras que combinan su ocio con su necesidad de comprar, y las zonas comerciales no se quedan muertas como en nuestras ciudades, donde no se permite abrir en domingo.

Las ventajas de no cerrar son, en primer lugar, para los consumidores, que pueden decidir comprar el día que más les convenga. También tiene ventajas para el comerciante, que dispone de 52 días más al año para amortizar el precio de la tienda, o su alquiler. Está demostrado, además, que el incremento promedio de ventas alcanza el 15 %, y lo supera en todos los casos donde el turismo cuenta. Y sobre todo es importante para la economía del país y para la creación de puestos de trabajo.

La contratación de personal extra, que para las grandes tiendas no representa ningún problema, puede serlo para los negocios familiares, aunque siempre habrá un primo más o menos lejano, o un estudiante, que quiera ganarse un di-

Inteligencia comercial

nero con ese esfuerzo. Y si no hay nadie, pues esa tienda no se abre y no pasa nada. No hablo de obligar a abrir en domingo, sino de permitirlo. En Nueva York, donde casi todo está abierto, pueden verse pequeñas tiendas que libremente cierran cuando les conviene.

Siempre se ha dicho que la capacidad emprendedora hay que demostrarla. Pues bien, ahora podemos hacerlo, liberalizando los horarios del comercio. De hecho, ya hay muchas tiendas que abren casi todos los días y a casi todas las horas: las regentadas por inmigrantes que ya acostumbran a hacerlo así en sus países de origen, demostrando un espíritu emprendedor envidiable.

Creo que el Gobierno debería planteárselo. Esta medida ayudaría sin ningún género de dudas. Como lo ha hecho en todos los lugares donde la han tomado.

Durante muchos años nuestra legislación ha sido proteccionista con el pequeño comerciante, impidiendo al grande abrir en festivos. Si no puede abrir el pequeño, que tampoco abra el grande. Pero hay una solución mejor: ayudar al pequeño comercio en todo lo necesario, tanto en lo económico como en lo fiscal, para que también pueda abrir. Y al poco tiempo de hacerlo ya no necesitará esa ayuda porque habrá comprobado la efectividad de la medida.

«No pierdas el tiempo buscando obstáculos, quizá no haya ninguno», dijo el escritor Franz Kafka.

Hagámoslo. Esos 52 días pueden ayudarnos frente a la crisis. Dejemos que las personas descansen, pero no las tiendas. Mucha gente lo agradecerá. Y la economía también, es-

Inteligencia comercial en tiempos de crisis

pecialmente la de los que buscan un puesto de trabajo, que con esta medida les será mucho más fácil encontrar.

También quiero hacer una reflexión. Nuestro país prácticamente cierra en agosto por vacaciones. ¿Es esto posible cuando estamos inmersos en una de las crisis más importantes que se recuerdan? Creo sinceramente que no. Porque este cierre generalizado de agosto lo paraliza todo: los proyectos, la producción, las ventas... Si todo el mundo en nuestro país tuviera trabajo, comprendería que no hubiera más remedio que cerrar. Pero teniendo el paro que tenemos, ¿no sería más lógico modificar la legislación laboral para que se pudieran contratar las personas necesarias para no tener que cerrar? Me parece que vale la pena hacer una seria reflexión.

Hablemos ahora de la publicidad para vender en época de crisis.

La publicidad ha sido siempre una herramienta para ayudar a vender, y cuanto más difíciles se ponen las ventas, más necesaria se hace la publicidad que le hace ver al consumidor las ventajas de comprar en ese preciso momento.

Ya sé que cuando el consumidor no tiene dinero, puedes cantarle las maravillas de un producto y es probable que haga oídos sordos. Pero también es cierto que, excepto en casos extremos, el consumidor sigue consumiendo, tal vez con más cuidado, pero sigue comprando casi todo lo que compraba en momentos de bonanza económica. La excepción a la regla son las grandes compras: la vivienda y el coche, que se posponen un tiempo indeterminado.

Inteligencia comercial

La crisis nos ha mostrado ofertas y promociones de precios en casi todas las ciudades del mundo. En algunos lugares, como en España, donde las rebajas están reguladas, las tiendas vendían más barato con las más originales excusas: «Promoción prenavideña», «Ofertas únicas» o incluso «Oportunidad irrepetible porque nos obligan a cerrar».

Las rebajas antes de las rebajas en Oxford Street, en Londres, llegaban al 75 % de descuento y en Washington se ven ofertas que nunca se habían visto antes. Pero una cosa está clara: las marcas siguen siendo determinantes a la hora de decidir una compra. Hace poco tuve que comprarme unas zapatillas deportivas. Entré en una tienda especializada en la que tenían una selección enorme. Las miré todas, las comparé y me probé algunas, de las cuales dos me iban bien. Al final me decidí por las de la marca Nike, que valían más que las otras, pero pensé que así seguro que no me equivocaba. Precisamente esa sensación de no equivocarse es lo que se consigue en estos momentos con la publicidad o el marketing directo, en los medios convencionales o en Internet.

En época de crisis el consumidor tiene más miedo a equivocarse, a utilizar mal sus escasos recursos, y la publicidad puede y tiene que reasegurarle que no se equivoca. El famoso eslogan «Satisfacción garantizada o le devolvemos su dinero», como ya hemos visto antes, es ahora más pertinente que nunca.

Hace unos días leí una frase de José Manuel Machado, presidente de Ford España y Portugal: «Hemos de trabajar

Inteligencia comercial en tiempos de crisis

más para ganar menos». Tiene toda la razón. Hay que saber sacrificar los márgenes en todas las fases del proceso, desde la fábrica al último vendedor. Hay que competir con los que necesitan vender tanto o más que nosotros. Hay que aguzar el ingenio como hizo Ikea cuando aprovechó la toma de posesión de Barack Obama para llenar el metro de Washington de anuncios que decían: «*Change begins at home*». El cambio empieza en casa.

Ya sé que muchos estarán pensando que no hay campaña de publicidad que venda un millón cuatrocientos mil pisos a unos consumidores a los que los bancos niegan la hipoteca. Pero a grandes males grandes remedios. Una promotora en Levante ha empezado a vender pisos con una oferta más propia de productos de consumo: 2x1. Sí, dos pisos por el precio de uno. Y en Londres un distribuidor de coches está haciendo lo mismo: dos coches por el precio de uno. Es cierto que con eso se pierde dinero, pero en la vida, a veces, hay que saber perder para poder volver a ganar.

Esta crisis no durará toda la vida. Algunos no la superarán, pero las mejores marcas saldrán reforzadas. ¿Y cómo ser una de las mejores marcas? La respuesta está en la publicidad.

Un estudio de McGraw-Hill demuestra que las ventas de las empresas que durante la última recesión han hecho agresivamente publicidad han superado en un 256% a las de aquellas que cancelaron su publicidad.

La directora de marketing de Wharton, Patti Williams, afirma que la publicidad de las empresas debería tratar las palabras prohibidas, «crisis» o «recesión», con extrema cautela. La desaceleración económica conlleva múltiples respuestas emocionales, como por ejemplo ansiedad.

Hace poco un investigador de mercado abordó a una señora mayor que estaba comprando unos yogures de marca blanca.

–¿Compra habitualmente estos yogures? –le preguntó el investigador.

–No –contestó la señora–; antes los compraba Danone.

–¿Por qué ese cambio?

–Porque hay crisis.

–¿Pero a usted le afecta la crisis, cobra menos de su pensión?

–No.

–Entonces –volvió a preguntarle el investigador–, ¿por qué compra estos yogures de marca blanca?

–Porque hay crisis –zanjó la señora.

De todas maneras, las recesiones vienen y van, pero afortunadamente una marca es para toda la vida.

Otra cosa es la imagen de ciertas marcas. Unas imágenes ayudan y otras no. Una marca seria, austera, modesta, tiene todas las de ganar en estos momentos. Una marca derrochadora, excesiva, de gran lujo, puede percibirse como inmoral o no ética en estos momentos.

Un amigo de uno de mis nietos ahora le pide a su padre que le deje cien metros antes de llegar al colegio porque no quiere que los demás niños vean que llega en un Porsche Cayenne. ¡Cómo cambian las cosas! Antes algún niño se avergonzaba del modesto vehículo con el que le acompañaba su padre, y ahora la vergüenza es por lo contrario.

Un excelente estudio del profesor José Luis Nueno, titulado *Las claves del sector del gran consumo ante el tercer año de recesión*, concluye:

La recesión que estamos viviendo es una crisis profunda que está provocando cambios en los hábitos del consumidor.

Los tres desafíos más importantes actualmente son la globalización, el descuento y la mentalidad de ahorro, y el exceso de capacidad. La recesión ha golpeado a todos los sectores de consumo, aunque el de gran consumo es un sector privilegiado que ha sufrido una menor afectación.

¿Qué hay que hacer para salir airoso de esta crisis? Hay dos estrategias ganadoras que todas las marcas de fabricantes deberían aplicar, pero que solo las más valientes llevarán a cabo: invertir en publicidad (mantenerla o aumentarla) e innovación.

10.
Inteligencia comercial micro

Podría parecer que la inteligencia comercial es patrimonio, solamente, de los grandes directivos mundiales, los presidentes de las mayores corporaciones, o sus directores generales y comerciales. Pero no. La inteligencia comercial es patrimonio de todas las personas que quieran ejercerla. De todos los que en su negocio luchan por mejorar la relación entre el producto o servicio que venden y sus compradores o consumidores.

No hace mucho viajé a Madrid en avión y tomé un taxi para ir al centro. Delante de mí, en el respaldo del conductor, había un letrero que ponía:

Bienvenido al servicio de taxi de Madrid
Querido cliente, le agradecemos la utilización de este Servicio Público, así como el cuidado y el uso que hace del mismo. Esperando haberle complacido, le deseamos un buen día.

Inteligencia comercial

Tenemos a su disposición los siguientes accesorios:

- *Botiquín de primeros auxilios (Gelocatil, tiritas, Betadine, gasas, alcohol, vendas, termómetro...).*
- *Set de costura (Aguja, hilo, botones, imperdibles...).*
- *Set de calzado (Abrillantador negro y marrón, gamuza, cordones...).*
- *Set de limpieza de ropa (Quitamanchas seco, cepillo).*
- *Set de aseo personal (Cuchilla de afeitar, espuma, pañuelos, guantes de látex, toallas de manos).*

Si necesita utilizar alguno de estos accesorios, pídaselo al conductor, que se lo facilitará gustosamente.

Muchas gracias.

Me quedé con la boca abierta y enseguida le pregunté si era un nuevo servicio que daba el colectivo de taxis de Madrid. Me respondió que no. Que lo daba él. Me fijé entonces en otros detalles. El taxi estaba absolutamente limpio y bien conservado, y el conductor me respondía con gran amabilidad a las preguntas que yo le seguía haciendo.

Me dije a mí mismo: este es un ejemplo extraordinario de inteligencia comercial micro. Un conductor, un taxi pintado como los demás y, en cambio, una sensación nueva: la de sentirme cuidado, además de transportado.

Le pedí una tarjeta que también me sorprendió:

Inteligencia comercial micro

¡Servicio personalizado de transporte! ¡Y tanto que sí! ¿Adivinan a qué taxi voy a llamar la próxima vez que viaje a Madrid?

El caso de Alberto Cuasimodo tal vez es único en su sector, pero no lo es en otros, donde cada vez son más los profesionales que piensan qué pueden hacer para diferenciarse positivamente de su competencia.

Entré hace poco en una farmacia para comprar un jarabe para la tos y vi en el mostrador una pequeña caja de color rojo con esta inscripción:

Pedí el precio: un euro. Compré todas las que tenían, para mí y para regalar a personas de mi familia y a muchos amigos, a los que les comenté que para la mayor parte de problemas en la vida hay soluciones creativas. El dorso de la caja

Inteligencia comercial

amplía la información: «Comprando estos caramelos, estás colaborando en un proyecto solidario de ayuda a enfermos olvidados. Médicos sin Fronteras destinará íntegramente los beneficios obtenidos al tratamiento de enfermos de malaria, chagas, kala azar, enfermedad del sueño, sida infantil y tuberculosis. Sigue colaborando. Llama al 902 252 503. Médicos sin Fronteras».

Una pequeña caja y una gran idea.

Ya he dicho que suelo acompañar a mi mujer a comprar, por lo menos una vez al mes. No para comprar yo, sino para observar cómo compra la gente y así aprender, tanto de los que compran como de los que venden.

En un mercado cercano a nuestra casa hay una parada de pescado magnífica. Tienen un producto de primerísima calidad. Creo que los actuales propietarios son la cuarta o la quinta generación que se dedica a lo mismo. A vender pescado. Pero lo hacen solo por la mañana, porque el mercado cierra por la tarde. La inteligencia comercial de Juan, el propietario, le ha llevado a abrir una pequeña tienda, llamada Big Fish, cerca del mercado, donde da de comer al mediodía, vende pescado por la tarde y da de cenar por la noche. Obviamente pescado y acompañamientos.

El éxito ha sido tan grande que ha abierto un nuevo y magnífico restaurante, también llamado Big Fish, en otra zona de la ciudad, asegurándose de contar con un muy buen equipo en la cocina.

Y el éxito continúa. ¿Alguien ha dicho alguna vez que el pescado solo se puede vender en las pescaderías?

11.
Comprar con inteligencia comercial

«Los proveedores son
solo tan buenos como tú lo seas.»
PAUL ARDEN, publicitario

Los diez mil mandamientos de la ley de las compras también se resumen en dos palabras: información y comparación.

La información y la comparación son las mejores herramientas para comprar bien, lo que no quiere decir comprar más barato, quiere decir comprar mejor.

Una vez un colega de profesión que competía conmigo para ganar un nuevo cliente le dijo a este que yo era un gran vendedor. Y no lo dijo como un elogio, sino como una manera astuta de dejarle en un rincón de su cerebro que no se fiara, que la creatividad de la campaña que presentaba su agencia era mejor que la de la mía (no sé cómo lo sabía), pero que yo seguro que se la había sabido vender mejor.

Inteligencia comercial

La verdad es que le salió el tiro por la culata, porque el cliente entendió que esa otra agencia de publicidad tenía muy mala opinión de su inteligencia y de su capacidad de compra, si realmente pensaba que él iba a dejarse engañar. La campaña la ganamos nosotros, porque el cliente era un gran comprador y supo escoger la idea que más le convenía. Como dijo George Moore: «La dificultad de la vida está en escoger».

¿Qué información hay que tener para comprar con inteligencia comercial? Depende de lo que compremos. Para un coche, muchísima; para un helado, casi nada.

Un amigo mío me pidió consejo para empezar a comprar algún cuadro. Le dije que primero pasara un tiempo viendo exposiciones, no menos de un año, y que esa experiencia ya le permitiría distinguir lo que le gustaba de lo que no. A partir de entonces, cuando encontrara un cuadro que le gustara más que todos los que había visto, ya podía pedir el precio, y si era igual o menor que el de un sofá, ya podía comprarlo. Lo peor que le podía pasar es que, si al cabo de los años le dejaba de gustar, o simplemente prefería poner en esa pared otro cuadro, tuviera que hacer con él lo mismo que con un sofá viejo: o bien regalarlo o bien llevarlo a otra habitación.

Si el cuadro en cuestión vale más que un sofá, entonces, además de que nos guste, hay que saber un montón de cosas. ¿Quién es el pintor? ¿Qué certificado de autenticidad tiene el cuadro? Si el artista está vivo lo debe hacer él mismo; si ha fallecido, hay que saber quién es la máxima autoridad artís-

Comprar con inteligencia comercial

tica sobre ese pintor y comprobar que el certificado esté firmado por esa persona. ¿Se vende en una o varias galerías? Si se vende también en subastas, ¿cuál es su cotización en las galerías y en las subastas, no solo de óleos sino también de *gouaches*, acuarelas o dibujos sobre papel? ¿Cuál es su mejor y su peor época? ¿Cuán fácil se vende su obra? ¿Cuánto tiempo durará su obra? (Hay cuadros del siglo XV que se conservan perfectamente y hay otros del siglo XX que ya se les está cayendo toda la pintura.)

Y esta lista puede continuar y continuar, depende del precio del cuadro. Si vale como dos sofás, creo que esa información bastaría. Pero si hablamos de un cuadro de valor realmente muy importante, entonces hay que saber todavía más y encargar a un experto el análisis completo de la pieza, que puede costar tanto como el 5 % del valor de la misma.

Hoy en día, gracias a Internet, es muy fácil tener información de casi todo y poder comparar, pero hay que aprender la jerga que usan los diferentes fabricantes. Creo que ya todo el mundo sabe lo que es una leche entera, semidesnatada, o desnatada. Pero ¿sabemos lo que es uperisada o con mayor contenido en calcio? ¿Cuánto mayor es el contenido? Aunque me vaya bien para la osteoporosis, ¿no me irá mal si tengo piedras en el riñón?

La cosa se complica más cuando hablamos de productos *diet* o *light*. ¿Qué diferencia hay? ¿Y qué quiere decir «bajo en calorías»? ¿Que es más bajo que el producto original, o más bajo que el de la competencia, que también dice que es bajo en calorías?

Inteligencia comercial

Ya sé que casi toda esa información aparece en los envases, pero muchas veces en letra tan pequeña que yo no la puedo leer ni con gafas.

Si hablamos de productos de parafarmacia, o farmacéuticos sin receta, debemos comparar. ¿Todas las marcas de comprimidos de ese aceite de pescado tan bueno para el colesterol bueno, el Omega 3, 6 y 9, tienen la misma cantidad de ingredientes? Pues no. Unos tienen igual cantidad de Omega 3, Omega 6 y Omega 9. Otros tienen más de uno que de otro. ¿Cuál compro? Cuando hay un farmacéutico a quien preguntar, vale; pero cuando estamos en una de esas grandes tiendas, tipo supermercado, donde el único personal visible son las cajeras, ¿qué hago?

Si hablamos de cosméticos y de belleza, ¿qué es el colágeno?, ¿cómo me van a desaparecer las arrugas?, ¿todos los que me ofrecen ese tratamiento, son iguales?, ¿por qué el precio es tan diferente de unos a otros? Si estoy en la planta baja de un gran almacén, no me atrevo a preguntar, porque la guapa señorita que está en un espacio trabaja solo para la marca de ese espacio, y obviamente no me va a recomendar un producto de la competencia.

¿Cómo comprar si no sabemos qué diferencia hay entre un producto caro y uno barato? ¿Le preguntamos al dermatólogo? ¿Vamos a una perfumería que tenga todas las marcas? ¿Le preguntamos a una amiga? Al final, la solución puede ser tener un amigo que trabaje en el departamento de marketing de una de esas empresas de cosméticos y preguntarle cuáles son los productos de la competencia que teme

Comprar con inteligencia comercial

más. Seguramente mencionará una o dos marcas importantes y algún producto que, siendo suficientemente bueno, tiene un precio irresistible.

Como se dice que la gente no lee, no le damos al consumidor o al comprador la información necesaria para que prefiera nuestro producto. Recuerdo un viejo anuncio que aparecía a doble página en una revista de información general, en el que solo había dos elementos: la foto de un coche rojo y la palabra «Fuego». Por mucho que me esforcé, no pude ni tan siquiera intuir por qué habían hecho un anuncio así. Eran los años de la efervescencia de la publicidad emocional, pero creo que se pasaron varios pueblos.

Por descontado, la gente sí que lee antes de comprar un coche, y es bueno que lo haga si quiere comprar mínimamente bien. Si vamos a comprar un vehículo urbano, por ejemplo, y vemos en un kiosco una revista de automóviles en cuya portada aparecen todos los coches de este tipo, y el titular anuncia: *Análisis comparativo de todos los coches urbanos*, no solo compramos la revista, sino que leemos con detenimiento las diez páginas del análisis comparativo. Eso no quiere decir que seguro que luego compraremos el coche que obtenga mejores resultados, porque los valores de la marca cuentan mucho. A lo mejor compramos el que ha quedado en segunda o en tercera posición, a sabiendas de que para nosotros la marca elegida nos compensa de algunas características en las que otras marcas superan al modelo que finalmente vamos a comprar.

Inteligencia comercial

Como vengo diciendo desde el inicio de este capítulo, la información es fundamental para comparar y luego decidir qué queremos comprar, y ahí influirá nuestra información, y también nuestro gusto o nuestra emoción.

Otra cosa es comprar algo técnico, de lo que no sabemos demasiado, como ordenadores, equipos de cine en casa, o de alta fidelidad. Aquí la información nos ha de servir para saber a dónde dirigirnos. ¿A un almacén?, ¿a una tienda especializada? ¿Por Internet? Seguramente tendremos que preguntar y entender muy bien lo que nos dicen para acertar en nuestra compra. Y para eso no es suficiente conocer el producto en cuestión, sus características y las de su competencia. Hay que comparar muchas más cosas, su precio, su garantía, la proximidad de su servicio, la cercanía del almacén donde tienen los recambios, o si los han de enviar cada vez desde el país de origen, por ejemplo.

Hace un tiempo se estropeó el proyector de cine en mi casa. Tardaron más de un mes en arreglarlo. Menos mal que en Audio Reference, donde lo había comprado, me facilitaron otro proyector igual durante todo ese tiempo. Eso hay que saberlo antes de comprar cualquier cosa que pueda estropearse.

En cambio, compramos por Internet un grabador múltiple de CD, para ponerlos en un disco duro, y llegó defectuoso. Tuvimos que devolverlo a Taiwán, pagando nosotros el envío, estuvimos un mes sin grabador hasta que finalmente nos mandaron otro que funciona. No es lo mismo el servicio de una tienda especializada que comprar no se sabe a quién, ni si cumplirá o no con su garantía.

Comprar con inteligencia comercial

Diferente es comprar profesionalmente para nuestra empresa, es decir, nos vienen a vender. Los grandes almacenes, las cadenas de hipermercados y supermercados tienen departamentos de compras importantísimos con gente absolutamente informada y especializada. Su obligación es comprar mejor y, en época de crisis, también comprar más barato.

Mi amigo Jaume Tomás, que fue consejero delegado de Agrolimen-Gallina Blanca, me dijo un día que al negociar con una gran superficie al principio tenía que bajarse los pantalones, pero que al cabo de un tiempo ya entraba en la sala de negociación con el pantalón debidamente doblado y colgado de su brazo izquierdo.

¿Calidad? ¿Precio? Las dos cosas son importantísimas. Comprar bien no suele ser comprar lo más barato, acostumbra a ser comprar la mejor relación entre esas dos cosas. Y no olviden nunca este viejo refrán turco: «De comprar barato, empobreció mi padre».

Epílogo

Si somos capaces de conseguir la confianza de nuestros clientes, si poseemos alguno de los valores humanos que ayudan a desarrollar la inteligencia comercial, si coincidimos con las opiniones de alguno de los grandes exponentes de esa inteligencia, si somos capaces de trabajar en equipo, si conocemos bien nuestro producto, nuestra marca, cómo actúa el consumidor y de qué manera comunicarnos con él, tanto en épocas de crecimiento como en tiempos de crisis, y con la misma inteligencia si nuestra empresa es grande o es micro, y si, finalmente, sabemos comprar con inteligencia comercial, entonces felicitémonos, porque pase lo que pase y estemos donde estemos, iremos adelante en nuestra vida.

Agradecimientos

A Jordi Nadal, por regalarme el título de este libro.

A Isak Andic, Emilio Botín, Peter Brabeck, Paco Daurella, Shelly Lazarus, Ingvar Sviggum y Kees van der Graaf, por haber tenido la generosidad de contestar mi cuestionario.

A Esther Vicente, por su talento a la hora de corregir tan bien mi manuscrito y de reescribir alguna parte de este libro.

A Montse Beltrán, por su excelente trabajo y toda su ayuda.

A Óscar Pla, por diseñar la portada y crear la imagen de la inteligencia comercial.

A Carmen Orellana, mi compañera de vida y de trabajo, por saberme fotografiar como nadie.

Y a los miles de empresarios, presidentes, directores generales, directores comerciales, directores de marketing y directores de ventas que he conocido, por lo que he aprendido de ellos, por compartir conmigo la mayoría de sus valores y por lo mucho que han confiado en mí.

Su opinión es importante.
En futuras ediciones, estaremos encantados
de recoger sus comentarios sobre este libro.

Por favor, háganoslos llegar a través de nuestra web:
www.plataformaeditorial.com

Para adquirir nuestros títulos,
consulte con su librero habitual.

«Jamás he podido renunciar a la luz, a la alegría
de existir, a la vida libre del lugar donde crecí.»*

ALBERT CAMUS

«*I cannot live without books.*»
«No puedo vivir sin libros.»

THOMAS JEFFERSON

Plataforma Editorial planta un árbol
por cada título publicado.

* Frase extraída de *Breviario de la dignidad humana* (Plataforma Editorial, 2013).